Anna MANCINI

LES SOLUTIONS DE L'ANCIEN DROIT ROMAIN AUX PROBLÈMES JURIDIQUES MODERNES

L'exemple du droit des brevets d'invention

BUENOS BOOKS INTERNATIONAL

Site de l'auteur: www.amancini.com

© Anna MANCINI
Editeur: BUENOS BOOKS INTERNATIONAL, PARIS
E-mail: BuenosBooks@free.fr _ info@buenosbooks.fr
3ème édition (Create Space) : ISBN: 978-2-36670-021-3

2de édition révisée, 2004: ISBN: 291549505X
version électronique: ISBN: 2915495041

1ère édition 1995, version imprimée,
ISBN: 2-9508452-2-3, INNOVATIVE JUSTICE, Paris

Version électronique:

Le livre électronique est disponible sur notre site http://www.buenosbooks.fr, et chez la plupart des libraires en ligne.

AVANT PROPOS

Bien que les origines de l'ancien droit romain se perdent dans la nuit des temps, ce droit est aujourd'hui toujours vivant. Ce système juridique s'est répandu dans le monde avec les conquêtes de l'empire romain. Il a peu à peu décliné après la chute de cet empire, avant de renaître au XIIème siècle de notre ère où il servit de modèle pour la création des droits européens. En conséquence, les systèmes juridiques modernes doivent beaucoup à l'ancien droit romain. Ils portent son empreinte dans leurs fondements, leur structure et surtout dans le vocabulaire juridique. Les concepts de l'ancien droit romain se sont tellement fondus dans nos systèmes que, la plupart du temps, nous autres, juristes modernes sommes inconscients de la lointaine origine de concepts juridiques tels que "personne" ou "obligation" que nous utilisons quotidiennement dans notre vie professionnelle. Rien qu'à travers notre vocabulaire spécialisé, la permanence de l'ancien droit romain est tout simplement fascinante.

Lorsque j'étais étudiante en droit des affaires et en droit des brevets d'invention, l'étude de l'histoire du droit ne présentait pour moi aucun intérêt professionnel. Néanmoins, l'ancien droit romain m'attirait tellement que je choisis cette matière optionnelle par pure curiosité. J'étais beaucoup plus attirée par le droit romain archaïque que par le droit romain tardif. Ce dernier me semblait très proche de notre système juridique actuel. Au contraire, je sentais qu'une autre philosophie de la vie et une autre idée de la justice avaient donné naissance au droit romain archaïque et je pensais que mes professeurs allaient m'ouvrir ces horizons philosophiques. Pourtant, à la fin de mes études d'ancien droit romain, je restais insatisfaite et pleine de perplexité. Les professeurs se moquaient ouvertement du droit romain archaïque dont à mon avis ils ne comprenaient pas l'essence. Je me demandais comment les plus fameux spécialistes de droit romain pouvaient considérer les anciens Romains à la fois comme de vulgaires "primitifs" dont ils se moquaient et comme des génies de la science du droit qu'ils admiraient. Le plus élémentaire bon sens me fit conclure qu'ils se trompaient. Mais, à cette époque, je ne parvenais pas à comprendre pourquoi ils se trompaient. Pensant que j'en avais terminé avec la découverte de l'ancien droit romain, je tournais la page. En fait, je ne faisais que commencer. En effet, en choisissant comme sujet de thèse le problème alors neuf de la protection juridique des logiciels, je fus conduite à faire des recherches sur les bases de notre système juridique et tout particulièrement sur la distinction fondamentale que contient le système juridique français (et beaucoup d'autres systèmes). Il s'agit de la distinction entre droits réels et droits personnels. Tandis que je cherchais dans de vieux ouvrages des informations sur cette question, je fus surprise de découvrir que notre système juridique contenait une énigme que beaucoup de savants européens avaient essayé de résoudre sans succès. A tel point qu'ils décidèrent un jour d'abandonner ce domaine considéré comme étant l'axe de recherche juridique le plus stérile. Cette énigme m'intriguait, je décidais de continuer ces recherches abandonnées depuis bien longtemps. Engagée dans cette voie, il me sembla évident que la solution de l'énigme était impossible à partir de l'étude du droit positif. Pour résoudre cette énigme, il fallait nécessairement remonter aux origines romaines de notre distinction moderne, ce qu'aucun savant n'avait fait. En remontant aux origines de notre droit au lieu de me cantonner à l'étude du droit positif, j'enfreignais alors les règles de la "religion" positiviste de l'université.

Au lieu de me retrouver sur un bûcher selon l'ancienne pratique parisienne, je fus seulement bannie de l'université, de la recherche, et des publications professionnelles, sans aucun recours. Ce qui finalement me laissa toute la liberté d'esprit pour approfondir mes recherches et toute la liberté d'expression pour publier ce livre.

La solution de l'énigme de la distinction des droits que je trouvais sans peine m'ouvrit du même coup cet horizon philosophique que j'avais pressenti au début de mes études. Je compris alors que l'intelligence particulière reflétée dans le droit romain archaïque avait échappé aux spécialistes car ils étaient trop imprégnés de notre vision matérialiste du monde. Contrairement à nous, les anciens Romains ne s'étaient pas contentés d'observer le monde matériel. Ils avaient aussi exploré le monde virtuel. Ils avaient compris que monde virtuel et monde matériel ne fonctionnent pas de la même façon. Très pragmatiques, ils en avaient tenu compte pour inventer leur système juridique. Leur expérience est devenue précieuse pour un monde qui redécouvre la valeur des idées et la richesse des personnes, trop longtemps éclipsées par le matérialisme.

INTRODUCTION

Nous croyons bien connaître le système juridique de la famille romano-germanique; pourtant personne n'a encore découvert la raison pour laquelle les Romains avaient fait une distinction entre actions réelles et actions personnelles. De nombreuses recherches effectuées dans différents pays sur ce que les juristes ont appelé "l'énigme de la distinction des droits réels et personnels" ont d'abord suscité l'engouement des chercheurs et finalement les ont lassés en raison de l'inutilité des solutions proposées. A tel point que l'un d'eux a finalement estimé que ces recherches constituaient "un des chapitres les plus extraordinaires dans l'histoire de l'erreur humaine" et qu'il valait mieux les abandonner.[1]

Parce que nos travaux de recherches nous ont amenés à travailler dans le domaine de l'innovation, nous nous sommes aperçus que nous ne pouvions pas abandonner la recherche de la solution de l'énigme. Paradoxalement, c'est l'impératif de la création d'un droit du futur lié aux nouvelles questions posées par l'avancée des sciences et des techniques qui nous oblige à remonter dans le passé le plus lointain de notre système pour nous interroger sur l'énigme du Droit Romain et y puiser un savoir-faire juridique aujourd'hui disparu. Sur un plan plus pratique, c'est en nous interrogeant sur un système adéquat de protection des inventions industrielles abstraites que nous avons dû préalablement réfléchir à la nature juridique des droits de l'inventeur; ce qui nous a conduits à chercher une solution à l'énigme du très ancien droit romain, car il fallait comprendre le motif de la distinction des droits réels et personnels pour pouvoir qualifier à bon escient le droit de l'inventeur. Celui-ci est-il un droit réel? un droit personnel? un nouveau type de droit? C'est en travaillant sur ce cas très concret que nous avons découvert une solution originale et utile à ce qui nous est apparu comme une "fausse énigme" découlant d'une question mal formulée car coupée de ses origines.

PREMIERE PARTIE

QUEL DROIT POUR L'INVENTEUR[2] ?

LES REPONSES DE LA DOCTRINE

CHAPITRE 1

Le droit de l'inventeur: une nouvelle catégorie juridique

Tandis que la loi de 1791 sur les brevets d'invention qualifiait de droit de propriété le droit de l'inventeur; celle du 5 juillet 1844, laissait la question -jugée métaphysique- sans réponse. La doctrine du 19ème siècle attachée à l'idée de propriété des inventions a été ensuite critiquée par les auteurs et abandonnée par la jurisprudence. De nouvelles idées concernant la nature juridique des droits de l'inventeur ont été exprimées. Elles se divisent en deux groupes. Le premier groupe insère les droits du breveté d'invention dans la distinction traditionnelle: il s'agit des différentes thèses du droit de propriété du breveté d'invention. Le second groupe concerne les thèses qui font sortir les droits du breveté d'invention de la classification traditionnelle. De nombreux auteurs ont classé les droits du breveté parmi les droits intellectuels, KOHLER avait proposé la thèse des droits sur les biens immatériels. ROUBIER a présenté une thèse qui s'écarte de celles des auteurs précédents dans la mesure où au lieu de tenir compte de la nature immatérielle des biens, elle tient compte du but de ces droits constitué par la clientèle.

SECTION 1
Les thèses des droits intellectuels et des droits sur les biens immatériels

§1 KOHLER: La théorie des droits sur les biens immatériels

La théorie des droits sur les biens immatériels, ou des droits immatériels a été esquissée par KOHLER en 1875.[3] Cette théorie crée une classe de droits distincte de la catégorie des droits réels en raison de l'objet immatériel de ces nouveaux droits. Si le contenu du droit de propriété et du droit d'exploitation de l'invention tendent à se confondre (tous deux comprennent la faculté d'user et de jouir de l'invention),[4] la différence se situe en ce qui concerne l'objet. Dans le cas de la propriété l'objet est corporel, dans le cas des droits immatériels l'objet est incorporel. KOHLER estime que l'inventeur a un droit d'exploitation sur l'invention, au moment où elle sort du monde intangible des idées pour être matérialisée.[5] Le droit de l'inventeur lui apparaît comme étant un "droit d'exploitation de l'invention... exclusif, absolu, protégé contre les atteintes des tiers, auxquelles plus que tout autre il est exposé par sa nature."[6] KOHLER entend par invention, non pas un produit matérialisant une invention mais l'idée inventive elle-même. Il affirme que "c'est sur l'idée, sur la conception que l'inventeur peut et doit exercer son droit... et non sur la forme périssable".[7] En conclusion, l'invention est définie par KOHLER[8] comme étant "la notion idéale, générale et abstraite dont l'invention concrète n'est qu'une des réalisations possibles", et c'est sur cette idée que portent les droits de l'inventeur.

§ 2 La théorie des droits intellectuels de PICARD[9]

Après avoir exposé sa démarche scientifique, l'auteur établit des classifications juridiques tirées de ses observations des faits juridiques. Il obtient quatre groupes de droits:
"- les droits personnels: *jura in persona ipsâ;*
- les droits obligationnels: *jura in persona alienâ;*
- les droits réels: *jura in re materiali*
- les droits intellectuels: *jura in re intellectuali.*"[10]

Les droits intellectuels ne peuvent pas, selon l'auteur, être classés dans le groupe des droits réels comme ont tenté de le faire "à coups de maillet"[11] ses prédécesseurs. Une telle assimilation a conduit dit-il à des "résultats irrationnels".[12]
Il écrit:

"De chose matérielle à chose intellectuelle, les différences de nature et d'origine sont trop grandes pour que le même régime juridique puisse convenir. C'est ainsi que, prenant au sérieux l'identité des deux 'propriétés', beaucoup d'esprits ne s'expliquaient pas pourquoi l'une était tenue, en principe pour perpétuelle, tandis qu'on limitait parcimonieusement la durée de l'autre. Les règles de transmission aussi ne s'adaptaient pas. Sans compter quantité d'autres heurts et grincements".[13]

L'auteur estime que les droits intellectuels constituent une catégorie nouvelle inconnue des romains: "... les romains ne se rendirent pas compte qu'une chose purement intellectuelle pouvait être l'objet d'un droit cela répugnait à leur judiciaire éminemment positive et matérialiste".

L'auteur dresse le schéma[14] suivant d'un droit en général:
Schéma N° 1:

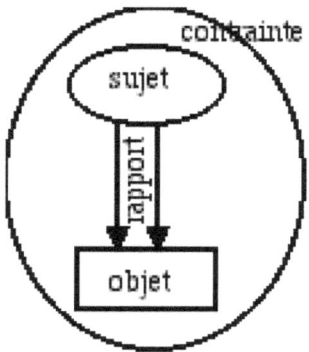

Le sujet représente le titulaire du droit, l'objet évidemment l'objet du droit, tandis que le rapport représente selon l'auteur le contenu du droit:

"Il exprime l'action possible du premier [le sujet] sur le second [l'objet]; ce que le sujet est autorisé à faire de l'objet, comment il peut en user, jouir, disposer".[15]

En ce qui concerne le droit du breveté d'invention, il faut conclure des travaux de l'auteur que le contenu du droit c'est le monopole, tandis que l'objet du droit c'est l'invention abstraite. Cela donnerait le schéma suivant:

Schéma n° 2:

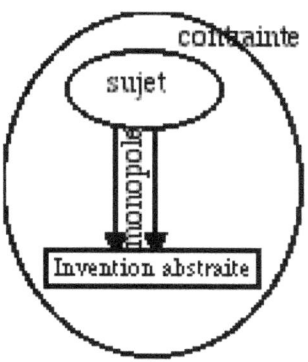

La contrainte étant entendue par l'auteur comme la garantie sociale du droit par la force. "Le Droit est un Idéal armé de la force";[16] "Sans cette contrainte agissant ou prête à agir, il est pur platonisme".[17]

§3 La thèse des droits intellectuels de DABIN

JEAN DABIN[18] est partisan de la création d'une nouvelle catégorie de droits qui s'ajouterait aux deux catégories existantes héritées du droit romain. Les droits seraient donc divisés en trois classes:

- les droits réels (sur les choses matérielles);
- les droits personnels (sur les personnes);
- les droits intellectuels (sur les choses incorporelles).

L'auteur range "sous le vocable droits intellectuels, les droits privatifs se rapportant aux matières suivantes, dont l'énumération n'est d'ailleurs pas limitative: oeuvres littéraires et artistiques; inventions industrielles; dessins et modèles industriels ; marques de fabrique et de commerce; appellations d'origine; nom civil et commercial; enseigne; clientèle; offices, cabinets, portefeuilles (commerçants, notaires, avocats, médecins, assureurs, représentants de commerce); secret de fabrique, etc.[19]

L'auteur reprend à peu de choses près la thèse de KOHLER en opérant un changement de terminologie. Il estime que l'expression "droits intellectuels" est plus adaptée que l'expression "droit sur les biens immatériels" adoptée par KOHLER, en raison de la symétrie entre l'expression "droits intellectuels " et l'expression "droits sur les choses corporelles". Il y aurait selon l'auteur des droits sur les choses corporelles et des droits sur les choses incorporelles.[20] Le contenu du droit sur les choses incorporelles apparaît dans le cas de l'invention comme étant un monopole d'exploitation.[21]

Après avoir analysé les trois catégories de droits en question, l'auteur conclut que leur différence doit s'apprécier en fonction de l'objet et non en fonction du contenu des droits;[22] car le contenu des droits quels qu'ils soient traduit toujours un pouvoir, une emprise.[23] Il écrit: "A cet égard, l'expression 'droit intellectuel' ne dit ni plus ni moins que les expressions 'droit réel' et 'droit de créance': dans les trois cas, il s'agit d'une certaine faculté d'emprise sur autant d'objets, d'ailleurs essentiellement différents par leur nature".[24] Les droits intellectuels réalisent selon l'auteur, une emprise sur les choses intellectuelles, un pouvoir[25] presque absolu.[26]

A ceux qui voudraient classer ces droits intellectuels dans la catégorie des droits de propriété incorporelle en raison de leur caractère absolu; DABIN répond par un refus du terme propriété, malgré les analogies entre le contenu des droits de propriété et des droits intellectuels.[27] Il fonde ce refus sur l'observation suivante:[28]

"... le droit commun de la propriété n'a jamais suffi et ne saurait suffire à régler la matière des droits intellectuels,...il a fallu pour ce règlement des législations spéciales et... aujourd'hui encore, dans le silence des textes, le recours aux articles 544 et suivants du Code Napoléon donnerait des mécomptes".

D'autre part, l'auteur note une différence importante entre droits réels et droits intellectuels dans la mesure où la maîtrise des choses corporelles est physique[29] tandis que [30] ..."les choses intellectuelles... n'existent et ne sont saisies que par l'esprit... se dérobent à tout cantonnement au profit d'un seul.".

Pour résumer sa thèse DABIN écrit: que les droit intellectuels sont des:
"...droits sur les choses incorporelles"[31] au sens strict du terme, [c'est-à-dire excluant les droits en général] marquant emprise sur ces choses, avec mode approprié d'*usus*, de

fructus, d'*abusus*, mais non propriété, terme qu'il convient d'appliquer selon la tradition, aux seules choses corporelles *quae tangi possunt*".

SECTION 2
La théorie des droits de clientèle de ROUBIER

Après avoir dressé la critique des thèses proposées de la nature juridique des droits du breveté d'invention, ROUBIER considère que la distinction traditionnelle entre droit réel et droit personnel a été réalisée non pas en raison de l'objet des droits; mais en raison du contenu de ces droits:

..." ce n'est pas le fait qu'un droit s'applique à tel ou tel objet qui est la base de la division des droits, c'est le fait que le droit a tel ou tel contenu..."[32] Il écrit encore: "Le droit réel est celui qui donne la mainmise sur une *res*; le droit de créance est celui qui correspond à un certain crédit sur le débiteur". Donc ce qu'il importe d'analyser ce n'est pas l'objet des droits en question, c'est-à- dire dans notre cas, l'invention; mais le contenu de ces droits. L'auteur observe alors que "ces monopoles ou droits privatifs d'exploitation" ... "tendent tous à la conquête de la clientèle..."[33] "Il s'agit grâce à une emprise sur la clientèle, d'obtenir des bénéfices dans la concurrence économique."[34]

ROUBIER établit une nouvelle classification des droits en

"droits réels", "droits de créance" et "droits de clientèle". Cette dernière catégorie est neuve, écrit-il, en ce sens qu'elle n'a pu naître "qu'avec l'apparition d'une forme de société comme la nôtre, à base d'économie commerciale et industrielle."[35]

CHAPITRE 2

Droit de l'inventeur et droit de propriété

Lorsque le droit du breveté d'invention est classé dans les catégories traditionnelles, il n'est jamais question de la catégorie des droits personnels. Le droit de l'inventeur est tantôt considéré comme un droit de propriété, tantôt comme un droit de propriété incorporelle.

SECTION 1
Le droit de propriété de l'inventeur

§1 <u>La propriété industrielle à l'époque révolutionnaire</u>

Le législateur révolutionnaire a classé dans la catégorie des droits de propriété les droits des inventeurs, l'article 1er de la loi du 7 janvier 1791 énonce: " Toute découverte ou nouvelle invention, dans tous les genres d'industrie, est la propriété de son auteur". Plus récemment, la thèse du droit de propriété de l'inventeur a été adoptée par S. MUNIER.[36]

§2 La thèse du droit de propriété sur l'invention de MUNIER

Parmi les droits subjectifs, l'auteur distingue les droits patrimoniaux et les droits de la personnalité. Parmi les droits patrimoniaux, elle distingue les droits réels et les droits personnels. Elle classe les droits sur l'invention parmi les droits réels en raison de leur caractère pécuniaire et absolu. Elle adopte cependant la "vision double" de ces droits imaginée en Allemagne par KOHLER.[37] Le droit sur l'invention comporte selon l'auteur, des droits moraux qui font partie des droits de la personnalité; et des droits pécuniaires qui lui apparaissent comme étant des droits de propriété, dans la mesure où ils sont absolus, contrairement au droit de créance qui est relatif.[38] Reprenant la définition du Marquis de VAREILLES-SOMMIèRES, elle considère que le droit de propriété est le "droit le plus absolu que l'homme puisse avoir sur une chose du monde extérieur, qui lui confère la possibilité de jouir de tous les avantages que cette chose est susceptible de fournir."[39]

Selon l'auteur, c'est l'extériorité vis-à-vis du titulaire du droit de propriété qui importe et non pas la matérialité de l'objet.[40] Il suffit donc que la chose soit extérieure à l'homme et qu'elle soit déterminée pour être susceptible de propriété suivant son mode et sa destination sociale".[41]

L'auteur démontre que l'*abusus* existe et ne joue que "suivant le mode de l'objet approprié". Cela signifie que si l'objet ne peut être détruit en raison de sa nature, cela n'empêche nullement l'*abusus* d'exister.[42] Est ensuite écartée l'objection tirée du caractère temporaire des droits sur l'invention dans la mesure où ce caractère n'est pas incompatible avec le concept de propriété, référence est faite à des travaux déjà réalisés en la matière.[43]

SECTION 2
Les théories de la propriété incorporelle

La thèse du droit de propriété incorporelle a été énoncée en France dès 1938 par JOSSERAND, elle a été adoptée notamment par Monsieur GINOSSAR, et développée dans le domaine du droit des inventions par Monsieur MOUSSERON.

§1 La théorie de JOSSERAND[44]

LOUIS JOSSERAND a exposé dans un article paru en 1940 la thèse de la propriété incorporelle qu'il avait déjà enseignée en 1938.

L'auteur estime qu'en raison des changements intervenus dans notre société, la propriété ne peut plus être conçue à la manière simpliste, primitive des romains. Les Romains avaient selon JOSSERAND, une vision qu'il juge grossière de la propriété dans la mesure où:

- La propriété était pour eux "considérée comme un pouvoir,

comme un *dominium*, plutôt que comme un rapport juridique...".[45]

- La propriété ne pouvait porter que sur une chose corporelle.[46]

- Et dans la mesure où les Romains, en raison de leurs conceptions matérialistes considéraient le droit de propriété comme un droit dans la chose.[47]

L'auteur construit sa théorie de la propriété incorporelle à partir de la critique de la conception (qu'il estime romaine) du droit de propriété considéré comme étant un droit dans la chose. Sa théorie est construite autour de l'idée principale que le droit de propriété doit être détaché de la chose, c'est ce qu'il qualifie de "dématérialisation" et d'"idéalisation" du droit de propriété.[48] Il écrit:.

"C'est une vue primaire que de vouloir confondre [les droits de propriété] avec leur objet... leur matérialité [des choses] laisse intacte l'immatérialité des rapports, des idées, des droits qui gravitent autour d'elles; pas plus qu'elles n'ont la science infuse, elles ne sauraient prétendre au droit infus; elles peuvent devenir le siège et l'occasion de prérogatives juridiques diverses, mais elles ne sont pas ces prérogatives mêmes, si intenses, si absolues qu'on les imagine."

L'auteur tire ensuite la conséquence suivante de cette dématérialisation: le droit de propriété peut porter aussi bien sur des choses corporelles que sur des choses incorporelles; il suffit que soient réunies les trois caractéristiques de la propriété, c'est-à-dire:

- le rapport direct du titulaire avec son bien;
- la possibilité de retirer le maximum des avantages que

comporte le bien;
- l'opposabilité à tous des droits sur les biens.[49]

L'auteur estime que le droit de l'inventeur, dans la mesure où il réunit les trois caractéristiques du droit de propriété est un droit de propriété incorporelle.[50] Il conclut à la "tendance de la propriété à se dégager de son objet, à s'idéaliser, à cesser d'être un *dominium* pour devenir un droit"[51] et à la plus grande fragilité de la propriété incorporelle: "devenue moins matérielle, la propriété en est devenue plus fragile".[52] L'auteur estime qu'existent non pas, une propriété mais des propriétés.

§2 La thèse de la propriété des droits sur l'invention de GINOSSAR

Monsieur GINOSSAR définit la propriété comme étant un droit absolu qui établit une "relation par laquelle une chose appartient à une personne".[53] L'auteur estime qu'il est:

> "...surprenant qu'on ait pu à tel point se méprendre sur la nature même de la propriété et la définir comme un pouvoir ou une maîtrise sur une chose... il faut bien reconnaître que ni le pouvoir total, permanent et exclusif, ni aucun des éléments qui le composent, ni même la faculté de disposition, ne peuvent être considérés comme attributs essentiels de la propriété".[54]

La propriété lui semble pouvoir s'appliquer indifféremment

à une chose corporelle ou à une chose incorporelle. Il cite l'exemple du droit romain qui avait opéré une distinction entre choses corporelles et choses incorporelles et avait par là, dit-il, pressenti l'idée de propriété des créances.[55] Monsieur GINOSSAR d'une part, range les droits intellectuels parmi les biens incorporels susceptibles de propriété; d'autre part, il considère que ces droits intellectuels confèrent une propriété incorporelle dont l'objet est différent de celui de la propriété traditionnelle: il s'agit de la "propriété dite intellectuelle... d'une idée, une pensée, une représentation abstraite (invention, oeuvre d'art, marque de fabrique, etc..."[56] Il note une différence supplémentaire par rapport à la propriété traditionnelle qui consiste en ce que "les actes dont chacun est tenu de s'abstenir sont des actes d'imitation".[57] L'auteur ajoute que les droits intellectuels sont artificiellement considérés comme des meubles, alors qu'ils s'apparenteraient selon lui plutôt à des immeubles, en raison de la possibilité de les localiser dans l'espace "par le moyen d'une publicité centralisée (registre des brevets d'invention, dépôt des marques de fabriques, etc...").[58]

Pour résumer, nous pouvons selon les idées de l'auteur être propriétaires de droits intellectuels. Et puisque les droits intellectuels consistent, selon l'opinion de Monsieur GINOSSAR, en la propriété d'une idée; il serait donc possible d'être propriétaire de la propriété d'une idée.

§3 La thèse du droit de propriété incorporelle du breveté sur l'invention de MOUSSERON

Cette thèse a été défendue par MOUSSERON (JM) dans son ouvrage: *Le droit du breveté d'invention contribution à une analyse objective*.[59]

L'auteur distingue en premier lieu entre le breveté et l'inventeur (l'inventeur n'a aucun droit sur la création).[60] Il indique clairement d'une part, qu'il s'attache à définir les droits du premier[61] sur l'invention et démontre d'autre part, que l'inventeur tend de plus à plus à disparaître dans les textes et dans la pratique au profit du breveté, lequel est devenu le personnage principal du système des brevets.[62]

C'est lui que la loi nomme le premier déposant. Après avoir déterminé le sujet, JM MOUSSERON s'attache à définir l'objet du droit du breveté. L'invention est "un résultat industriel nouveau". Il affirme que la question du droit du breveté doit être traitée d'une manière objective. Il faut entendre par ces termes que l'invention ne doit plus être qualifiée par rapport au sujet, c'est à dire l'invention avec les considérations de mérite, ou de génie inventif que cela suppose. Excluant donc, toute considération subjective, il définit l'invention comme étant un "résultat industriel nouveau" un bien[63] qui représente une certaine valeur économique susceptible d'appropriation. "Utile et rare, le résultat industriel nouveau présente les traits caractéristiques d'une valeur économique".[64]

Après avoir défini le sujet et l'objet, l'auteur analyse le mode de création des droits du breveté sur l'invention. L'auteur observe qu'au moment de la demande de brevet, le déposant possède l'invention de façon exclusive.[65] Il observe en second lieu qu'en raison de la délivrance du brevet effectuée sans examen préalable; l'administration n'a pas la compétence attributive du droit du breveté.[66] En d'autres termes, la délivrance du brevet est simplement un acte déclaratif[67] qui "a seulement pour but de constater une situation antérieure".[68] Son rôle ..."est de réduire une entrave pratique ou juridique à l'exercice d'un droit antérieur".[69] Refusant de voir dans le brevet un privilège,[70] un contrat entre l'inventeur et la société,[71] des droits de clientèle; il analyse l'opération juridique (la demande de brevet) génératrice du droit du breveté comme un acte juridique unilatéral,[72] constitutif de droit. Il en est ainsi dans la mesure où l'invention en tant que bien incorporel "a besoin d'être formulée pour pouvoir être identifiée".[73]

Dans la logique de son analyse objective du droit du breveté, il observe que:

"La demande se limite à un acte de volonté sur un objet qui est en la possession du demandeur. Elle ne recherche nullement à apprécier la qualité ni l'origine de cette possession, ni à établir une quelconque relation avec la création".[74] La demande de brevet doit alors s'analyser en un "acte volontaire d'appropriation publique d'un bien libre de tout droit absolu".[75]

L'auteur conclut après cette première série d'observations que seul le breveté, par la demande de brevet, réalise un acte d'appropriation de l'invention. Il vérifie ensuite que ce droit est un droit de propriété dans la mesure ou le breveté a l'*usus*, l'*abusus* et le *fructus* de l'invention;[76] et dans la mesure où le caractère temporaire du droit du breveté ne lui paraît pas faire échec à la possibilité de l'existence d'un droit de propriété sur l'invention.[77] Le droit du breveté lui apparaît comme étant: "...un droit absolu portant directement sur l'invention définie à l'état de bien meuble incorporel".[78]

Aux auteurs qui affirment que seul un bien corporel est susceptible d'appropriation, il oppose l'évolution du concept de propriété. La propriété n'est plus la "maîtrise physique de la chose concrète préhensible"[79] et "les travaux entrepris depuis la fin du siècle dernier ont détaché le droit de propriété de son objet... l'ont distingué de la possession en ce qu'elle a de matériel, d'effectif".[80] Il leur oppose aussi d'autres travaux qui considèrent qu'il "n'est nullement impossible d'admettre qu'est droit réel tout droit qui comporte une utilisation de la chose, utilisation matérielle mais aussi juridique pourvu qu'elle soit directe et sans intermédiaire".[81]

Selon l'auteur, le droit du breveté correspond à cette définition dans la mesure où il s'agit d'une "maîtrise patrimoniale essentiellement exclusive, s'exerçant à l'égard de tous et pesant directement sur l'invention".[82] Par analogie avec la législation concernant le droit d'auteur,[83] il affirme que le droit du breveté est un droit de propriété incorporelle.

A propos du droit de propriété il distingue entre le contenu et l'objet du droit de propriété. Il estime que la réunion de certaines prérogatives est constitutive du droit de propriété, quelle que soit la nature de l'objet, dans la mesure où la "notion de droit de propriété appartient à la catégorie des concepts juridiques expressifs du contenu et non de l'objet, la fonction ou l'origine du droit".[84]

Le breveté a donc, en résumé, un droit de propriété incorporelle sur l'invention; la maîtrise de l'invention n'étant pas matérielle mais juridique. Il s'agit "d'une maîtrise d'origine privée sur un bien commun".

Conclusion:

Aujourd'hui la classification des droits patrimoniaux en droits réels, droits personnels et droits intellectuels semble couramment admise alors que dans le même temps que la notion de propriété incorporelle est elle-aussi en vogue. C'est elle qui revient le plus souvent, le concept de propriété incorporelle est passé dans le vocabulaire courant et il a même été utilisé par le législateur.[85] Monsieur MOUSSERON a dressé dans son Traité la liste de nombreux auteurs et de textes officiels qui utilisent le terme "propriété".[86]

Toutes les idées exprimées par les auteurs, qu'elles portent sur la propriété incorporelle ou tendent à une nouvelle classification des droits supposent, c'est ce qui ressort de notre étude, une prise de position sur la nature des droits réels et des droits personnels. Pour établir la critique de ces théories, il convient d'abord de s'interroger sur "l'énigme" de la classification des droits.

# DEUXIEME PARTIE

QUEL DROIT POUR L'INVENTEUR?

UN NECESSAIRE RETOUR AUX SOURCES DE

LA CREATION JURIDIQUE

CHAPITRE 1

Les théories de l'énigme de la distinction des droits

La question de la distinction entre droit réel et droit personnel -appelée aussi l'"énigme des droits réels" par DABIN- a été très souvent traitée en doctrine en France et à l'étranger. En France, le mouvement critique est né avec la théorie personnaliste de PLANIOL. PLANIOL l'avait enseignée depuis 1938. Ses idées ont connu une large diffusion et nous les retrouvons aujourd'hui encore, dans les manuels juridiques de base. PLANIOL, dans sa critique de la distinction classique établie par POTHIER, a été suivi par de nombreux auteurs. Des synthèses complètes des multiples théories de la distinction des droits réels et personnels ont été réalisées,[87] nous vous y renvoyons.

Nous avons choisi d'étudier les théories de POTHIER, PLANIOL ET GINOSSAR dans la mesure où elles marquent les étapes les plus importantes de la réflexion sur la distinction des droits réels et personnels. POTHIER constate la classification; PLANIOL la conteste; GINOSSAR l'efface.

SECTION 1
La théorie classique
de la distinction des droits réels et personnels

Les auteurs du 19ème siècle ont mis l'accent sur la différence entre le droit réel et le droit personnel. Ils se sont inspirés des écrits de POTHIER. Des juristes contemporains ont pris aussi le parti de la distinction nécessaire entre droit réel et droit personnel telle qu'elle avait été formulée par POTHIER.[88]

Les partisans de la théorie classique observent que la différence entre droits réels et droits personnels concerne l'objet des droits. Pour les droits réels l'objet est une chose concrète; pour le droit personnel l'objet du droit est une personne.

Selon l'interprétation de l'oeuvre de POTHIER il a été considéré que le droit réel établit un rapport immédiat entre la personne et la chose; tandis que le droit personnel établit un rapport entre les personnes.[89]

Les idées de POTHIER se retrouvent chez de nombreux auteurs,[90] il est intéressant de le citer:[91]

"On considère à l'égard des choses qui sont dans le commerce, deux espèces de droits; le droit que nous avons dans une chose, qu'on appelle *jus in re;* et le droit que nous avons par rapport à une chose, qu'on appelle *jus ad rem*. Le *jus in re,* est le droit que nous avons dans une chose, par lequel elle nous appartient, au moins à certains égards. Le *jus ad rem*; est le droit que nous avons, non dans la chose, mais seulement par rapport à la chose, contre la personne qui a contracté envers nous l'obligation de nous la donner. C'est celui qui naît des obligations, et qui ne consiste que dans l'action personnelle que nous avons contre la personne qui a contracté l'obligation, ou qui y a succédé, aux fins qu'elle soit condamnée à nous donner la chose, si elle est en son pouvoir; ou en nos dommages et intérêts résultant de l'inexécution de l'obligation. Il y a plusieurs espèces de *jus in re,* qu'on appelle aussi *droits réels*. La principale est le *droit de domaine de propriété*. Les autres espèces de droits réels qui émanent de celui-ci, et qui en sont comme des démembrements, sont les droits de domaine de supériorité, tels que les seigneuries féodale ou censuelle, le droit de rente foncière, les droits de servitude, tant ceux des servitudes personnelles que ceux des servitudes prédiales, le droit d'hypothèque".

"Le domaine de propriété est ainsi appelé, parce que c'est le droit par lequel une chose m'est propre et m'appartient privativement à tous autres".[92]

"Lorsque j'ai le droit de propriété d'une chose, un autre ne peut, *per rerum naturam,* devenir propriétaire de cette chose, que je ne cesse entièrement de l'être..."[93]

POTHIER ajoute:

"Le domaine de propriété étant un droit par lequel une chose est en notre pouvoir, par lequel nous pouvons en disposer comme bon nous semble, de toutes les manières que nous jugerons à propos; il est nécessaire, pour que nous acquérions le domaine d'une chose, que nous en soyons mis en possession, parce que ce n'est que par ce moyen que la chose est mise en notre pouvoir et que *manui nostrae subjicitur.*"[94]

Le code civil s'est inspiré de POTHIER et a retenu l'idée que le droit de propriété était un droit absolu.[95] Cependant, dans les travaux de POTHIER il ne ressort pas que la propriété était un droit absolu par rapport aux autres personnes, mais plutôt un droit absolu par rapport à la chose. Ce qui n'excluait donc pas les limitations sociales imposées par la loi.

De cette conception du caractère absolu du droit de propriété on a déduit que le droit de propriété était un droit opposable à tous, tandis que le droit personnel était un droit simplement relatif. Les travaux de PLANIOL et de ses disciples ont prouvé que l'opposabilité à tous n'était pas le caractère essentiel du droit de propriété.

SECTION 2
La théorie personnaliste de PLANIOL

Des auteurs à la suite de PLANIOL ont critiqué la distinction classique entre droits réels et droits personnels et mis en relief les caractères communs aux deux sortes de droits. La comparaison est menée à partir de la notion de droit personnel, ou d'obligation. Les droits réels tendent alors à se confondre avec les droits personnels, d'où le nom de thèses personnalistes. Les auteurs dits personnalistes partent de la critique de l'idée, énoncée par la théorie classique selon laquelle le droit réel impliquerait un rapport

direct d'une personne sur une chose. Ils constatent que le droit est un rapport entre personnes et non un rapport entre des personnes et des choses. Le droit réel sur une chose implique donc l'existence de certains rapports juridiques entre les personnes à propos de la chose. Le droit réel est alors considéré comme impliquant une obligation passive universelle. Les auteurs ne voient donc pas de différence essentielle entre droits réels et droits personnels.[96]
Le leader français, des théoriciens de la personnalité du droit réel est comme nous l'avons déjà mentionné MARCEL PLANIOL. Il nous reste donc à présenter sa thèse.[97]

<u>Les idées de MARCEL PLANIOL à propos de la distinction des droits réels et des droits personnels:</u>

Sa théorie débute par une critique de la conception classique selon laquelle le droit réel implique un rapport juridique direct entre une personne et une chose. L'auteur accepte l'idée d'AUBRY et RAU selon laquelle le droit de propriété serait "le droit en vertu duquel une chose se trouve soumise, d'une façon absolue et exclusive, à l'action et à la volonté d'une personne"[98] parce qu'il l'estime plus complète que la définition donnée par l'article 544 du Code Civil qui énonce que la propriété est: "...le droit de jouir et disposer des choses de la manière la plus absolue, pourvu qu'on n'en fasse pas un usage prohibé par les lois ou par les règlements". Cependant, PLANIOL rejette l'idée que "le droit réel [la propriété par exemple] consiste à établir un rapport direct entre une personne et une chose",[99] au motif que "ce rapport direct n'est qu'un fait, et il a un nom; c'est la possession".

MARCEL PLANIOL tire comme conséquences de ses observations que le droit de propriété ne peut impliquer de rapport juridique entre une personne et une chose dans la mesure où des rapports juridiques ne peuvent exister qu'entre des personnes: "Tout droit est un rapport entre les personnes".[100] Il s'ensuit que ce qui caractérise le droit de propriété ce n'est donc pas le rapport juridique d'une personne sur une chose, mais le rapport entre des personnes à propos d'une chose. Et ce rapport c'est une obligation. Il écrit:

"Un droit réel quelconque est donc un rapport juridique établi entre une personne comme sujet actif et toutes les autres comme sujets passifs. Ce rapport est d'ordre obligatoire, c'est-à-dire qu'il a la même nature que les obligations proprement dites. L'obligation imposée à tous autres que le titulaire du droit est purement négative: elle consiste à s'abstenir de tout ce qui pourrait troubler la possession paisible que la loi veut assurer à ce dernier".[101]

L'auteur juge qu'il faut combattre l'erreur divulguée par AUBRY ET RAU à propos de la définition du droit réel. Il explique cette erreur[102] par le fait que les personnes, sujets passifs, du droit réel, illimitées en nombre se voient imposer un "...rôle effacé... qui empêche de les apercevoir et de se rendre compte de la nature du rapport qu'elles contribuent à

former. Comme on ne leur demande qu'une abstention, qui est l'état normal, elles disparaissent, et on ne voit plus que le titulaire du droit en possession de la chose qui lui est attribuée".[103]
Il conclut:

"Le droit réel et le droit de créance résultent tous deux de rapports d'obligation existant entre les hommes; leur élément constitutif est le même. Ils diffèrent l'un de l'autre par deux caractères spécifiques, portant l'un sur le nombre des sujets passifs, l'autre sur l'objet de l'obligation".

Il formule ensuite l'idée couramment enseignée de nos jours selon laquelle: ce qui fait la distinction entre droit réel et droit de créance, c'est que le droit réel est un droit absolu opposable à tous, tandis que le droit de créance est un droit relatif dans la mesure où il ne peut être opposé qu'à des débiteurs déterminés.[104] Cette distinction se retrouve à la base des écrits des auteurs qui se sont penchés sur la nature juridique du droit du breveté d'invention. Pourtant, son caractère erroné en a été maintes fois démontré, notamment par DEMOGUE dont nous donnerons un bref aperçu des idées.[105]

DEMOGUE: tous les droits sont relatifs et absolus

DEMOGUE part du même point de vue que PLANIOL et aboutit au résultat qu'il convient de distinguer entre droits forts et droits faibles dans la mesure où il n'y a pas de différence technique à établir entre les droits réels et les droits personnels. Il écrit:

"Au fond il n'y a pas plus de droits absolus que de droits relatifs, car tout droit peut revêtir à la fois l'un et l'autre de ces deux caractères. Tout ce que l'on peut dire au point de vue scientifique, c'est qu'il y a des droits à contenu fort et des droits à contenu faible, des droits plus ou moins commodes dans leur exercice. Les droits sont tous des droits d'obligations, entre lesquels il y a des variétés, suivant des considérations pratiques".[106]

DEMOGUE démontre que si:
"Le droit personnel est relatif de sa nature, en ce sens que le débiteur seul peut être tenu d'exécuter l'obligation, il est absolu en ce sens que les actes qui créent ou qui constatent le droit d'obligation existent à l'égard des tiers. Si le créancier n'est créancier que du débiteur, le fait qu'il est créancier existe *erga omnes*; de même le débiteur, bien que ne devant qu'à son créancier, doit être tenu par quiconque comme étant débiteur".[107]

DEMOGUE conclut à l'inutilité de la distinction scientifique entre droits réels et droits personnels, droits absolus et droits relatifs. La distinction entre droits réels et droits personnels n'est selon DEMOGUE, qu'une "distinction d'école qui, présentée au début des études juridiques, est commode pour faire comprendre quelques situations élémentaires et les matérialiser...". Il écrit:

"En réalité, il n'y a de division bipartite des droits que la suivante qui est toute de fait: les droits s'exerçant directement sur les choses et ceux qui se rapportent à un état de fait supposant l'existence d'autres êtres humains. Les droits sont tous des droits d'obligations, entre lesquels il y a des variétés suivant des considérations pratiques".[108]

De nombreux auteurs reconnaissent que tous les droits présentent à la fois un aspect relatif et absolu.[109] Mais, l'idée de DEMOGUE, selon laquelle la distinction des droits réels et personnels serait une distinction d'école a suscité de nombreuses réactions, dont celle de Monsieur GINOSSAR. Monsieur GINOSSAR s'est attaché à trouver la solution de l'énigme en tenant compte du caractère absolu et relatif de tous les droits subjectifs.

SECTION 3
La solution de l'énigme à travers la suprématie du droit de propriété proposée par GINOSSAR

Après avoir étudié le droit de créance, l'auteur démontre que ce droit est un droit relatif doublé d'un droit absolu. Et si ce droit relatif se double d'un droit absolu, c'est pour le motif que le droit de propriété se superpose au droit de créance et le complète. Le droit de propriété est défini selon l'auteur comme étant un droit absolu qui établit un lien d'appartenance entre la personne et les choses. Ce lien peut exister que les choses soient corporelles (biens matériels tangibles) ou incorporelles (droits, créances, idées abstraites). L'auteur affirme que la propriété incorporelle avait été pressentie par les Romains à travers leur distinction des choses corporelles et incorporelles.[110]

Dans un second temps, l'auteur distingue les droits réels, du droit de propriété et démontre que les droits réels sont en réalité des droits de créance ou d'obligation. L'auteur écrit qu'"un droit est réel parce que l'obligation qui lui correspond est réelle".[111] Le droit réel lui apparaît comme étant un droit relatif, puisqu'il existe un seul débiteur: le propriétaire de la chose grevée.[112] Par conséquent le droit réel est un droit de créance. Il en conclut qu'on peut être propriétaire d'une obligation réelle comme on peut être propriétaire d'une créance.[113]

Les droits intellectuels forment une catégorie de droits auxquels le droit de propriété se superpose. En définitive, l'auteur pense que la solution de "l'énigme" tient à la place prépondérante du droit de propriété qui domine toutes les autres sortes de droits et les complète donnant par ce biais la dimension de droit absolu à tous les autres droits relatifs. Il écrit:

"Droits personnels et droits réels nous apparaissent donc comme deux espèces de droits d'obligation, par lesquels une personne déterminée (sujet actif, créancier) peut exiger d'une autre personne déterminée (sujet passif, débiteur) une prestation active ou passive. Ce qui distingue le droit réel, c'est que le débiteur ou sujet passif n'est pas telle personne nommément désignée ou, à son décès, ses successeurs universels, mais la personne, quelle qu'elle soit, qui se trouve être propriétaire d'un bien déterminé. L'obligation réelle passe à chaque acquéreur particulier du bien, lequel détermine l'identité du sujet passif, de sorte que tout se passe comme si c'était la chose, non la personne, qui doit."[114]

En conclusion, il existerait selon l'auteur trois catégories de droits: droits de propriété (absolu); droit d'obligation ou de créance (relatifs); droits intellectuels. Les droits d'obligation ou de créance se subdivisent en droits personnels et en droits réels. Monsieur GINOSSAR estime que sa classification rationnelle trouve son origine dans l'ancien droit romain et il explique que les droits réels et les droits de créance sont nés à Rome de l'affinement du droit de propriété. La logique de Monsieur GINOSSAR est parfaite; mais sa démonstration ne peut pas nous convaincre pour la bonne raison que d'une part la notion de droit n'existait pas à Rome et d'autre part que les Romains n'opéraient pas selon le mode rationnel à partir d'un système de textes existants. Monsieur GINOSSAR a appliqué, comme tous les juristes actuels, une méthode de travail basée sur la logique et le droit positif. Ceci nous amène comparer les méthodes de travail juridiques et scientifiques.

SECTION 4
Critique de la méthode juridique et comparaison avec la méthode scientifique

L'étude des doctrines de la distinction des droits réels et des droits personnels n'a pas contribué à nous aider à résoudre la question corrélative de la nature juridique des droits du breveté d'invention. La solution de "l'énigme de la distinction des droits réels" n'a jamais pu être découverte pour une raison bien simple qui tient tout entière à un problème de démarche juridique. Nous avons été très surpris de constater que personne n'a pensé à sortir du droit positif pour s'interroger sur la formulation de la question posée. Pourtant, tous les juristes savent que la distinction des droits réels et des droits personnels n'est qu'une conséquence (une traduction infidèle) de la distinction romaine entre *actio in rem* et *actio in personam*. C'était donc à partir de la distinction romaine qu'il aurait fallu réfléchir (et non à partir de la distinction des droits telle qu'elle se présente dans nos textes de droit positif), dans la mesure où le concept de droit subjectif n'existait pas dans la Rome Antique. Les auteurs ont tous réfléchi en termes de relations entre des personnes dans un système abstrait; alors que la distinction romaine était pratique et procédurale. En d'autres termes, les Romains ont distingué entre les actions dans les choses et les actions *dans* les personnes, sur un plan purement concret et procédural. L'idée de la distinction entre droit absolu ou droit relatif ou même à la rigueur entre action relative ou absolue ne présente aucune utilité au point de vue de la pratique juridique. La thèse de Monsieur GINOSSAR illustre très bien la démarche juridique utilisée par les auteurs. Pour trouver les raisons d'une distinction qui nous vient de l'Ancien Droit Romain, l'auteur adopte une démarche assez paradoxale: conformément aux enseignements de la philosophie positiviste, il propose de partir du connu, c'est-à-dire de la loi positive pour aller vers l'inconnu. L'auteur affirme qu'il s'agit de raisonner "avec l'impassibilité du mathématicien"[115] à partir du 'droit pur'".[116]

Or, en ce qui concerne la question de la distinction des droits réels et personnels; raisonner à partir du droit pur, cela signifie que toutes les fictions juridiques (ou aussi les erreurs de traduction!) utilisées de nos jours seront considérées comme des réalités juridiques, qu'il sera impossible de remettre en question. Utiliser la méthode positiviste (qui consiste à bâtir une argumentation logique à partir du "droit pur") pour tenter de comprendre les motifs d'une distinction inventée quelques siècles avant Jésus Christ et déformée dans nos textes positifs n'a conduit qu'à la "fabrication d'une fausse énigme".

D'une manière plus générale, nous observons que les juristes ont une vision complètement erronée de la véritable démarche scientifique: celle qui fait progresser le champ de la connaissance. Contrairement à ce qu'il est couramment admis, les scientifiques (mathématiciens, biologistes, médecins etc...) ne travaillent pas uniquement avec leur cerveau logique à partir de postulats qu'ils ne remettent jamais en question; mais utilisent aussi des qualités humaines telles que l'imagination et l'intuition. L'impassibilité des scientifiques est une idée fausse et en exagérant un peu, on pourrait dire qu'il s'agit d'une idée monstrueuse. Le scientifique -tel que l'imaginent les juristes positivistes- ressemble étrangement à un ordinateur! Un scientifique n'est pas un être impassible, insensible: il travaille avec tout ce qui constitue la richesse de l'être humain, c'est-à-dire aussi bien avec sa sensibilité et sa personnalité qu'avec ses facultés logiques. Il suffit de lire les travaux de scientifiques tels que Jean BERNARD, Laurent SCHWARTZ, Jean-Claude PECKER ou Jean HAMBURGER ... pour s'en convaincre.

Jean BERNARD,[117] après avoir rappelé qu'Einstein affirmait: 'l'imagination est le vrai terrain de germination scientifique') se demande: " l'intuition de l'artiste, l'intuition du savant sont-elles pareilles ou sont-elles différentes?"[118]

Laurent SCHWARTZ (mathématicien) explique:
"...un des aspects essentiels de la découverte est la levée des inhibitions. L'inhibition vient de notre propre architecture [il s'agit de l'architecture mentale] que nous ne pouvons pas démolir".[119]

Jean-Claude PECKER[120] (astrophysicien) fait les

observations suivantes:

"...quiconque touche à l'Univers touche au problème des origines, voire à celui de la création; et, pour regrettable qu'elle soit, la présence de préoccupations métaphysiques n'est pas absente du débat "... "Tout d'abord, un modèle solaire n'est-il pas un choix *a priori* de ce qui semble important au modéliste? Et n'y a-t-il pas dans le choix même des faits "importants" dont il doit rendre compte, un élément subjectif qui en fait sa grande faiblesse? Faiblesse de la liberté? " "... on croit trop facilement qu'on est quitte avec le réel pour peu que les équations soient correctes et les calculs exacts..".: "La mathématique est-elle le bon langage? Elle domine, elle l'emporte; elle met tout en équations et résout les équations; mais elle aussi n'est que provisoire, comme le fut en son temps la mécanique d'Aristote. Ne sommes-nous pas prisonniers de Platon? Et de la beauté des mathématiques?".

Jean HAMBURGER a déclaré:

"On s'est aperçu, non sans surprise, que l'observateur (ou plutôt la méthode d'étude qu'il emploie) jouait un rôle si grand qu'il pouvait aller jusqu'à "changer" l'objet". "Ce n'est pas le monde réel que décrit la recherche scientifique, ce n'est que le résultat d'un dialogue entre l'observateur et le réel, un dialogue où l'observateur et ses méthodes sont aussi importants que le réel."[121]

Pour résoudre l'énigme de la distinction des droits, nous proposons donc d'abandonner la méthode juridique positiviste et d'utiliser une réelle démarche scientifique. C'est-à-dire que:
1) <u>Nous réfléchirons à partir de l'observation des</u>

phénomènes de la nature (comme l'ont fait les anciens Romains et aussi les anciens grecs[122]) et non à partir des normes juridiques. Les normes ne sont pas des réalités d'ordre matériel: elles sont toujours produites par l'imagination des juristes. La démarche dite scientifique qui consiste à étudier des objets (imaginaires) avec une méthode d'investigation conçue pour connaître la matière nous semble inappropriée. La véritable réalité juridique, ce n'est pas la norme, c'est l'être humain (tel que le concevaient les anciens Romains qui inventèrent les bases sur lesquelles nous avons bâti notre système juridique) dans toute sa dimension: matière et esprit.

2) Nous accorderons la première place à l'intuition et à l'imagination et nous utiliserons les facultés logiques comme instruments de vérification.

A propos de la démarche scientifique, Laurent SCHWARTZ a écrit dans un article intitulé "De certains processus mentaux dans la découvertes en mathématiques":[123]

"Tout débute à un moment donné par la survenue d'une idée. Tout à coup, on se pose une question dont on n'a pas la réponse. C'est tout le contraire de ce que l'on fait en classe, en demandant aux élèves: "démontrez que ...".

François JACOB distingue entre science de jour et science de nuit. Il écrit:

"La science de jour met en jeu des raisonnements qui s'articulent comme des engrenages, des résultats qui ont la force de la certitude..." "La science de nuit, au contraire erre à l'aveugle... Ce qui guide l'esprit alors, ce n'est pas la logique. C'est l'instinct, l'intuition". L'auteur explique le lien entre la science de nuit et la science de jour en ces termes: "Rien encore n'autorise à dire si l'hypothèse nouvelle (de la science de nuit) dépassera sa forme première d'ébauche grossière pour s'affiner, se perfectionner. Si elle soutiendra l'épreuve de la logique. Si elle sera admise dans la science de jour".[124]

Jean HAMBURGER a écrit:
"La biologie et la médecine n'ont pas seulement progressé par observations et outils nouveaux, elles ont progressé dans l'art de raisonner. Pendant des siècles, les chercheurs furent tiraillés entre deux tentations opposées: l'arrogance subjective, qui croit pouvoir tirer la vérité de la seule imagination, et le réalisme passif, qui se borne à accumuler les faits observés et redoute toute cogitation. Peu à peu, il apparut que la méthode efficace exigeait un juste équilibre dans le dialogue entre les informations objectives et l'imagination du chercheur..."[125]

CHAPITRE 2

La distinction fondamentale des droits confrontée à la réalité concrète

SECTION 1
La raison de la distinction romaine entre *actio in rem* et *actio in personam*

Essayons d'imaginer que nous sommes dans la Rome antique et que nous devons inventer le droit. Avec un peu d'imagination, il est possible de marcher à nouveau sur les premiers pas juridiques des Romains.

Puisque le droit sert à organiser la vie des hommes en société il va de soi que pour obtenir une bonne organisation, il faut d'abord bien observer les choses: la vie. Si nous observons le monde, nous pouvons déjà noter que, parmi les éléments concrets que nous pouvons appréhender directement, il y a les choses et les personnes. Cependant, il existe aussi tout un monde invisible, immatériel que nous ne pouvons concevoir que par l'esprit et non par les sens. Il s'agit du monde de l'abstrait, des choses immatérielles. Parmi ces choses immatérielles importantes pour le droit, nous pouvons noter en particulier les promesses, les engagements, les contrats et d'une manière générale tous les liens. Parmi ces choses immatérielles nous pouvons ranger

aussi les idées, les mots, l'énergie, la joie et tous les sentiments, ainsi que l'esprit. Le résultat de nos premières observations nous donne un schéma de ce type:
Schéma n° 3

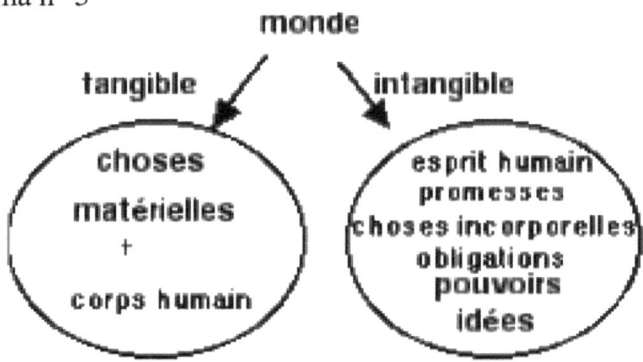

Nous pouvons à présent affiner notre schéma puisque nous avons pu observer que l'homme corps et esprit participe de deux mondes: le matériel et l'immatériel. Ce qui donne le schéma suivant: Schéma n° 4:

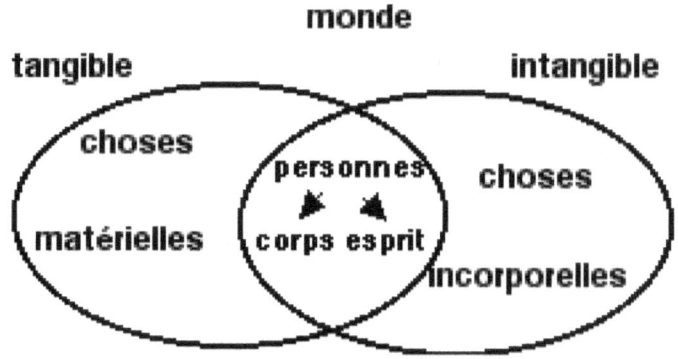

La personne apparaît donc comme une "passerelle" entre le monde matériel et le monde invisible. Elle est au centre du droit, et il est bien évident que c'est sa vie qui nous intéresse le plus. Regardons-la vivre!

Quels sont les actes possibles des personnes? Ce qui nous vient immédiatement à l'esprit c'est que les personnes peuvent agir sur le monde matériel et sur les personnes, par des actes physiques et concrets: cela est en leur *pouvoir*. Quant au monde immatériel, à première vue il nous a semblé impossible d'avoir un pouvoir sur lui. Cependant, après avoir observé les actions des personnes, nous nous sommes aperçus que les personnes ont un moyen d'agir sur l'immatériel. En effet, puisqu'une personne est une passerelle entre le monde concret et l'immatériel, il suffit d'agir sur les personnes pour atteindre l'immatériel. Par exemple, pour faire respecter une promesse les personnes n'agissent pas directement sur la promesse en raison de son immatérialité, mais elles agissent sur la personne qui a promis afin qu'elle réalise cette promesse.

En définitive, les personnes ne pourront accomplir directement que deux types d'actions: les actions sur les choses concrètes, les actions sur les personnes.

Afin d'assurer une certaine cohésion qui permette la vie en société, le droit doit intervenir pour organiser les actions des hommes sur le monde, leurs pouvoirs. Le "juge" devra dire en cas de litige entre les personnes quel doit être le véritable pouvoir de chacun sur les choses et sur les personnes. La distinction entre *l'actio in rem* et *l'actio in personam* s'explique alors très simplement par l'idée que la première serait celle par laquelle on demande quel est notre pouvoir d'action sur le monde concret; tandis que la seconde serait celle par laquelle on demande quel est notre pouvoir sur les personnes pour atteindre l'immatériel. Nous aboutissons donc au schéma suivant:

Schéma n° 5

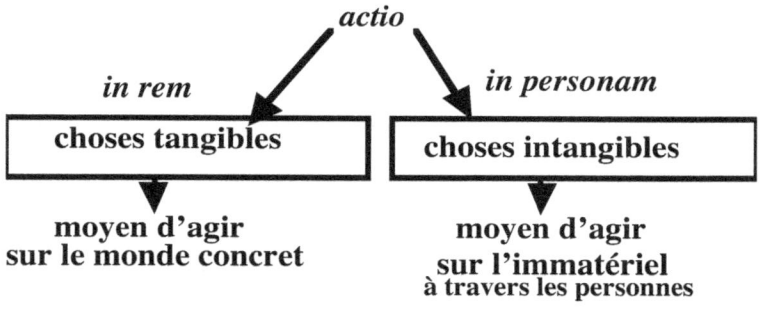

Et nous pouvons conclure:
- que c'est de la nature des choses (matérielles et immatérielles) que découle la distinction romaine entre *actio in rem* et *actio in personam*;
- que le droit sert à organiser les rapports entre les personnes à propos du monde concret et du monde

immatériel et toutes les sortes de pouvoirs possibles sur le monde.

SECTION 2
Vérification

Il nous faut, à présent vérifier deux points à travers les opinions de nos auteurs: d'une part si notre démarche est bien fondée; d'autre part, si nos résultats sont vraisemblables.

§1 <u>Vérification de la validité de notre démarche</u>

La lecture de nombreux ouvrages nous confirme que notre démarche est adéquate. Monsieur MICHAS écrit:

"Les lois romaines avaient avant tout un but pratique, celui de régler matériellement les rapports des citoyens romains et des pérégrins entre eux. Pour les Romains, ... il est vrai de dire que le droit est engendré par les faits, et les besoins de la vie pratique ont toujours inspiré et comme imprégné les institutions juridiques de Rome".[126]

Le même auteur cite Monsieur VAN BEMMELEN qui écrit à propos des romains:

"L'esprit de système n'était ni un de leurs mérites ni un de leurs défauts. Leur intuition juridique a toujours été fort supérieure à leur réflexion méthodique".[127]

Monsieur GINOSSAR parlait de "l'instinct juridique" des romains.[128] Monsieur VILLEY par ses nombreux écrits nous conforte particulièrement au sujet de la validité de notre démarche. Monsieur VILLEY a démontré par de nombreux exemples que les Romains observaient la nature des choses. Il a écrit:

"La doctrine du droit naturel ancienne classique, authentique, est que le droit doit être tiré de l'observation de toute la nature et je dirai précisément de la nature des choses". Par "nature"[129] MICHEL VILLEY nous précise que les Romains entendaient: "... tout ce qui existe dans notre monde: c'est-à-dire, non pas seulement les objets physiques, matériels..., mais l'intégralité de l'homme, esprit autant que corps, et les institutions humaines et les institutions sociales".[130]

Monsieur VILLEY affirme par ailleurs, dans un article sur le raisonnement juridique que la démarche des jurisconsultes romains n'était pas scientifique:

"Je crois d'abord pouvoir poser qu'il est aujourd'hui établi chez les romanistes, que le discours des jurisconsultes romains n'est pas de type scientifique. La "science" (je prends le mot au sens ancien) était le discours de celui qui sait; qui dispose d'axiomes certains, de quelques vérités nécessaires, dont il est en mesure de tirer des conséquences nécessaires, de construire un système déductif."[131]

Parmi les auteurs qui se sont interrogés à propos de la distinction entre droits réels et droits personnels ou à propos des "propriétés intellectuelles", nous avons observé particulièrement que deux auteurs ont adopté instinctivement la démarche des Romains. Monsieur CATALA note par exemple que: "Le patrimoine... est tissé de personne et de matière".[132] Monsieur ABERKANE écrit:

"Selon que le pouvoir porte sur une chose ou qu'il est dirigé contre une personne, on dit qu'il s'agit d'un droit réel ou d'un droit personnel. Quoi qu'il en soit ces pouvoirs portent, en définitive, soit sur une chose, soit sur une personne, et l'on ne conçoit pas l'existence d'un autre élément sur lequel ils pourraient porter".[133]

L'auteur en tire la conclusion que "tous les droits doivent logiquement se ramener ... au droit réel et au droit personnel".

La solution de "l'énigme de la distinction des droits" était proche des constatations de la théorie classique. La doctrine classique et certains auteurs actuels ont perçu et affirmé que le critère de la classification s'appuyait sur l'objet des droits. Les auteurs n'ont pas pu trouver la solution de l'énigme parce que, la démarche scientifique juridique[134] en les cantonnant à l'étude des textes de droit positif et à l'utilisation de leur seule logique, leur a interdit de se pencher sur les réalités matérielles et d'utiliser leur bon sens.

§2 <u>Vérification de la validité de nos résultats</u>

Nous allons d'abord tracer deux schémas: l'un en dehors du litige juridique: l'autre en présence d'un litige porté devant le juge.

Schéma n°6 des pouvoirs humains en dehors du droit:

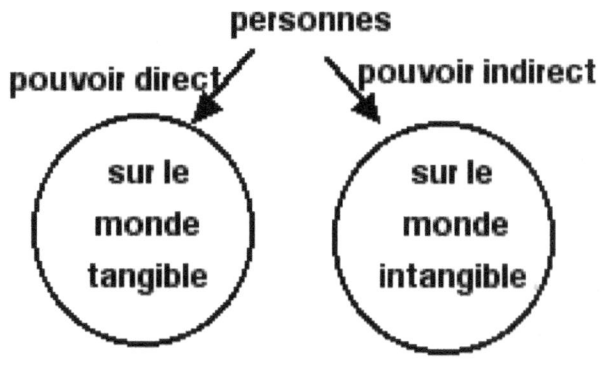

Schéma n° 7, les pouvoirs organisés par le droit:

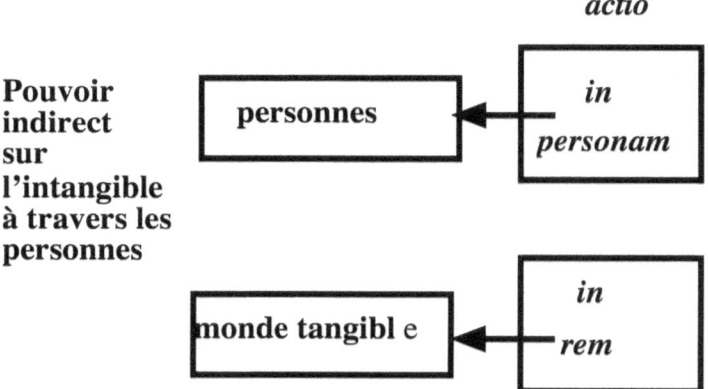

Lorsque les personnes agissent par l'*actio in rem*, le juge leur indique quel est leur pouvoir sur les choses du monde concret. Lorsqu'elles agissent par une *actio in personam*, le juge leur indique quel est leur pouvoir sur les personnes pour agir sur l'immatériel.

1 Confrontation de nos résultats au monde romain

A) En ce qui concerne le concept de propriété

Nous retrouvons chez de nombreux auteurs l'idée que la propriété est un fait. Il s'agit d'un pouvoir. Nous comprenons alors pourquoi les Romains n'avaient pas classé au départ le *dominium* parmi les *jura in re*.[135] Le *dominium* est un pouvoir plus fort que le *jus;* dans la mesure où le dominium donne la pleine maîtrise de la chose; tandis que le *jus* est un pouvoir moins fort (les servitudes par exemple, donnent un pouvoir sur un immeuble sans en donner la pleine maîtrise). Nous pouvons lire dans les Institutes de JUSTINIEN que la propriété est *"plena in re potestas"*.[136] Nous expliquons la raison pour laquelle les anciens Romains ne revendiquaient pas en justice un droit de propriété, mais la chose elle-même:[137] *rem meam esse:* " c'est à moi" disaient-ils au juge. En fait, il ne sert à rien pour les Romains qui sont des gens naturels et pratiques de demander un pouvoir sur une chose, il est plus normal de demander directement la chose elle-même car c'est en la détenant qu'on en a la maîtrise. C'est cette explication que traduit ce passage des oeuvres de POTHIER, il écrit à propos de la propriété: "Il est nécessaire, pour que nous acquérions le domaine d'une chose, que nous en soyons mis en possession, parce que ce n'est que par ce moyen que la chose est mise en notre pouvoir, et que *manui nostrae subjicitur.*"[138]

B) en ce qui concerne les pouvoirs possibles

Les "juges" romains n'accordent que les pouvoirs possibles. Il ne leur viendrait pas à l'idée d'accorder un pouvoir de maîtrise direct[139] sur l'immatériel, dans la mesure où cela est impossible en pratique. Si les Romains nous entendaient discuter de propriété intellectuelle ou de propriété immatérielle, c'est-à-dire de pouvoir de maîtrise directe sur l'invisible, ils nous prendraient probablement pour des primitifs.

A travers de nombreux exemples concrets, MICHEL VILLEY a démontré qu'à Rome les clauses ou les sentences impossibles, car contraires à la nature des choses, étaient de nul effet. En d'autres termes, ce qui est impossible dans l'ordre naturel ne pouvait être juridiquement valide.[140] Il donne l'exemple d'un texte qui "...semble traiter du testament, où selon l'usage romain, la volonté du testateur en principe fait foi. Cependant, toute clause impossible, contraire à la nature des choses, serait de nul effet. ". L'auteur cite aussi un autre texte[141] sur la nullité de la sentence à quoi la nature des choses rendrait impossible d'obéir.

2 Vraisemblance de nos résultats dans leur confrontation au monde actuel

Actuellement, les voies d'exécution (au sens large) ne sont pas autrement exercées qu'à Rome. Nous n'avons trouvé aucun moyen d'exécution sur l'immatériel autre que l'exécution sur les personnes. Ainsi lorsque quelqu'un "vole" une invention, la victime ne demande jamais la restitution de l'invention mais demande au juge d'ordonner la cessation de l'exploitation de l'invention. Il s'agit d'une action sur les personnes. D'autre part, malgré la vogue de l'idée de propriété incorporelle, le droit pénal résiste à l'idée de vol de l'immatériel. Cela s'explique dans la mesure où le vol implique la maîtrise physique de la chose volée et dans la mesure où l'action de la victime tend à la restitution matérielle de la chose. Or, dans le monde immatériel, restituer quelque chose ne présente aucun intérêt.

Le droit de la propriété industrielle ne s'y trompe pas. Il ne vise jamais le "vol d'une invention".[142] Il sanctionne uniquement les exploitations contraires au monopole du breveté, par une action en contrefaçon exercée contre des personnes et non contre des idées.

Il nous apparaît évident que:
- le Droit à Rome servait à organiser les pouvoirs, à équilibrer les forces des individus pour assurer une harmonie sociale;

- la loi romaine ne pouvait pas garantir ce qui est impossible dans l'ordre naturel;
- il est impossible d'exercer des voies d'exécution sur l'immatériel; donc le droit romain ne pouvait pas accorder des droits sur l'immatériel, une *actio* sur l'intangible.

Nous allons à présent appliquer notre méthode de travail pragmatique à la critique des théories de la nature juridique des droits de l'inventeur et des théories qui ont tenté de résoudre "l'énigme de la distinction des droits".

CHAPITRE 3

Les doctrines de la classification des droits des inventeurs à l'épreuve de la réalité concrète

Nous avons choisi de faire la critique des thèses de la nature juridique des droits du breveté d'invention en commençant par la critique des idées de PICARD. Les travaux de PICARD sont très intéressants pour cette réflexion en raison des schémas qu'il a créés. Bien que nous n'approuvions pas le résultat auquel est arrivé l'auteur, nous pensons qu'il serait profitable d'utiliser les moyens (ses schémas) et les observations qu'il a réalisées. Nous verrons qu'en utilisant les idées mêmes de l'auteur, nous pourrons prouver que ses résultats étaient erronés et retrouver la solution de "l'énigme" de la distinction des droits réels et personnels. Nous appliquerons ensuite l'instrument de critique que nous aurons réalisé à partir des travaux de PICARD, aux autres théories, ce qui nous permettra de raisonner beaucoup plus vite. Les critiques que nous allons adresser aux auteurs sont différentes de celles qui leur ont été traditionnellement faites. Cela tient à une différence de démarche. Nous allons appliquer ici encore la démarche scientifique. C'est-à-dire que nous n'élaborerons pas de savantes discussions logiques, de nombreux auteurs l'ont fait avant nous. Conformément à l'attitude des scientifiques, nous mettrons toutes ces théories à l'épreuve des réalités matérielles. Ce qui est plus simple et plus rapide. Les théories positivistes confrontées à la réalité s'écroulent aussi facilement que des châteaux de cartes.

SECTION 1
Critique des théories instituant une nouvelle classe de droits

§1 La thèse des droits intellectuels de PICARD:

1 Présentation des idées de PICARD[143]

Nous avons vu que, partant de l'analyse de la structure d'un droit et de l'observation des faits juridiques, PICARD obtenait la classification suivante des droits, d'après leur objet possible:
-" droits personnels: jura in persona ipsâ
- droits obligationnels: jura in persona aliena
- droits réels: jura in re materiali
- droits intellectuels: jura in re intellectuali."[144]
qu'il représentait dans le schéma suivant:[145]

Schéma n° 8, division des droits d'après l'objet:

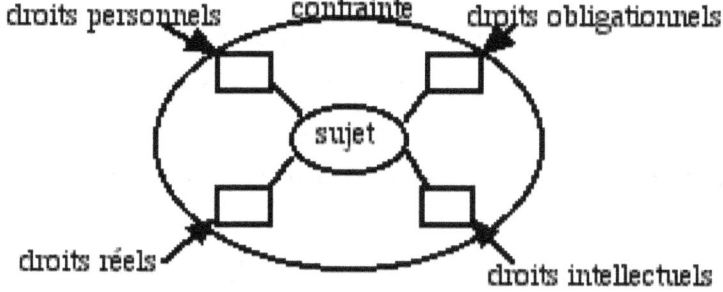

Après avoir analysé la structure d'un droit, l'auteur le définit comme "un rapport de jouissance d'un sujet -sur un objet- protégé par la contrainte sociale".[146] En lisant l'oeuvre de PICARD, nous avons pris conscience que "le rapport de jouissance" peut être remplacé par "rapport de pouvoir".

A la représentation schématique d'un droit faite par PICARD, nous apportons donc la précision suivante: schéma modifié.Schéma n° 9:

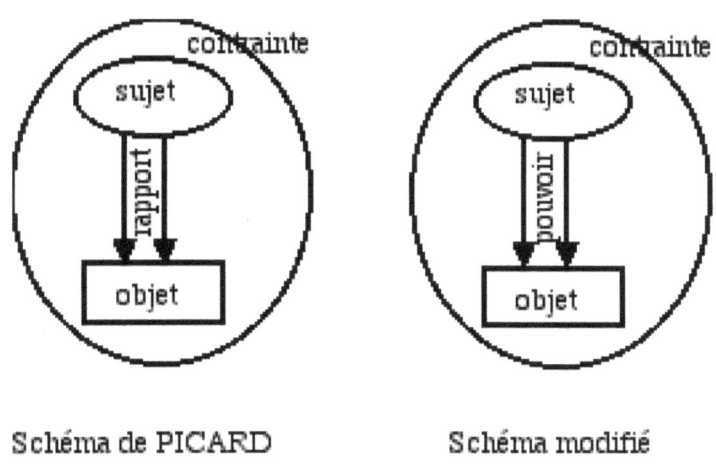

Schéma de PICARD   Schéma modifié

L'idée de rapport de pouvoir ressort des écrits mêmes de MONSIEUR PICARD. L'auteur écrit par exemple à propos du rapport entre le sujet et l'objet: "Il exprime l'action possible du premier sur le second..."[147] L'auteur définit le "droit de suite comme un pouvoir, pour le titulaire d'un droit, d'en rechercher l'objet partout où il se trouve".[148] Au sujet des droits réels démembrés il écrit: "l'objet n'est pas en cause, mais uniquement le rapport, et c'est celui-ci qu'on fractionne".[149] Il élabore à l'appui de cette idée un schéma représentant les différentes intensités possibles du rapport de droit.

Au sujet des droits obligationnels, il écrit:
"Il s'agit... d'une 'autorité' plus ou moins étendue pouvant s'exercer sur autrui, depuis la simple créance jusqu'à la puissance paternelle..."[150]

Il écrit au sujet des créances:

"...apparaissent en un immense éparpillement et une variété prodigieuse, toutes les créances de sommes ou d'actes à accomplir que l'on peut avoir sur autrui, puissances au petit pied, passagères, limitées..."[151]

Cela nous convainc de garder le schéma de base de PICARD, car il nous semble être un instrument qui devrait faire ses preuves. Voici l'analyse qu'en a présentée l'auteur:

Analyse des différents éléments des schémas de PICARD:

Le cercle:
Le cercle qui entoure le tout représente la contrainte, c'est-à-dire la garantie sociale soit à l'état de menace, soit exprimée au besoin par la force et traduite dans le domaine des voies d'exécution par l'exécution sur les choses (l'auteur cite les saisies, ventes ou mains vidées) ou sur les personnes (l'auteur cite la contrainte par corps en matière civile, les

peines en matière pénale).[152]

Les flèches:

Elles représentent symboliquement le contenu des différents droits. Ce contenu varie dans l'oeuvre de PICARD en fonction des différents droits en présence; l'auteur analyse comme suit le contenu des différentes classes de droits qu'il a distinguées grâce à ses observations juridiques:

- le contenu des droits intellectuels c'est le monopole;[153]
- le contenu du droits réel de propriété est constitué par le lien de puissance entière sur la chose, entendue comme étant le lien de puissance le plus fort;[154]
- le contenu des autres droits réels est constitué par des liens de puissance moins forts entre le sujet et l'objet; ces liens expriment les démembrements du droit de propriété.[155]

Schéma n° 10 de la distinction (droit de propriété - droits réels):

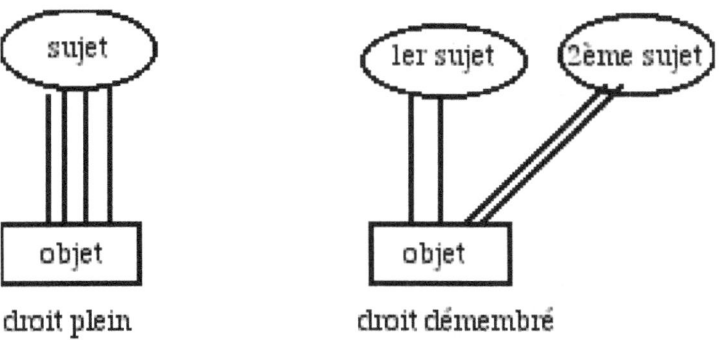

- le contenu des droits obligationnels c'est selon l'auteur: "l'autorité" plus ou moins forte qu'on peut avoir sur une personne:[156]
- le contenu du droit personnel c'est ce que PICARD nomme la citoyenneté.[157]

La représentation schématique du sujet: correspond évidemment à la personne titulaire des différents droits.

Les rectangles: symbolisent les objets possibles des différents droits. Selon l'auteur, les objets possibles de droits sont les personnes, les choses corporelles et les choses incorporelles.

Nous pouvons donc compléter ainsi le schéma de Monsieur PICARD, en inscrivant la nature des rapports entre sujet et objet, c'est-à-dire ce qu'il appelle le contenu d'un droit: puissance, autorité, monopole, et pour le droit personnel: citoyenneté. Schéma n° 11:

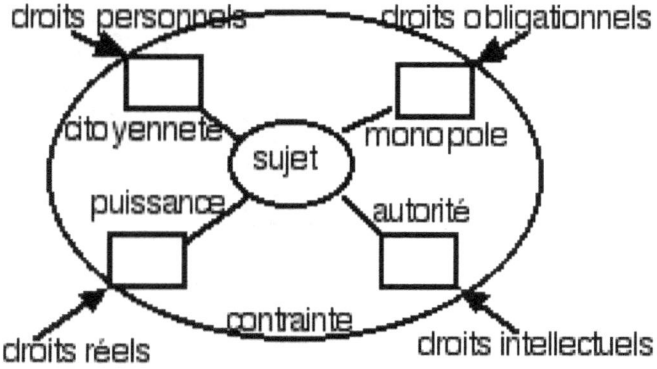

2 Critiques:

Nous allons à présent formuler nos critiques à partir des observations des faits juridiques réalisées par l'auteur, et en utilisant ses propres schémas.

Première observation:
Qu'expriment les mots autorité, puissance, sur la personne sinon des pouvoirs sur les objets de droit? Cette idée de puissance ressort très nettement des écrits de l'auteur. N'a-t-il pas analysé les démembrements du droit de propriété comme des puissances, des pouvoirs de moindre intensité?[158] Il nous apparaît surprenant que la nouvelle catégorie des droits intellectuels échappe à cette règle de lien de puissance pour être simplement qualifiée de monopole.

Seconde observation:
A partir des schémas de l'auteur, voyons comment s'exerce la contrainte, c'est-à-dire la garantie des différents droits. La contrainte ne peut s'exercer d'après les schémas que sur un des éléments contenus dans le cercle. Il suffirait de procéder par voie d'élimination pour découvrir que la contrainte ne saurait s'exercer que sur l'objet du droit. Ce qui nous donnerait les résultats suivants:

En cas de non-respect d'un droit réel:
La force de contrainte devrait logiquement s'exercer sur

l'objet matériel. Ceci ne pose pas de problème.

<u>En cas de non-respect d'un droit personnel</u>:

Si nous appliquons la même démarche, il faut admettre que la contrainte peut être exercée contre soi-même, puisque l'objet du droit personnel c'est la personne.[159]

<u>En cas de non-respect des droits obligationnels</u>:

L'objet du droit obligationnel est constitué par les personnes autres que la personne sujet du droit. L'auteur cite l'exemple d'une créance: "Ai-je sur les espèces un droit qui serait réel...? Non je n'ai qu'un droit sur mon débiteur".[160] La contrainte sera donc exercée sur cette personne.

<u>En cas de non-respect des droits intellectuels</u>:

Si nous prenons l'exemple qui nous intéresse, (c'est-à-dire de droit de l'inventeur) l'objet du droit c'est l'invention. Par conséquent, la force de contrainte devrait s'exercer sur l'invention.

Après avoir passé en revue les objets de la contrainte, selon la thèse de Monsieur PICARD, et dégagé l'idée que la contrainte ne saurait s'exercer que sur l'objet des droits; nous sommes forcés de nous rendre à l'évidence que la garantie des droits personnels et des droits intellectuels telle qu'elle devrait exister, si nous suivions les principes de classification dégagés par l'auteur, serait impossible. Or il est évident qu'en ce qui concerne les atteintes aux droits personnels, l'objet de la contrainte sociale ne peut être que la ou les personnes qui ont porté atteinte aux droits de la personnalité du sujet en question. D'autre part, il est aussi évident que l'exercice de la contrainte sur l'invention est impossible. Le droit de "monopole" comme le qualifie l'auteur n'est garanti que par la contrainte imposée aux autres par l'Etat de ne pas exploiter une invention pour laquelle le sujet titulaire du droit de monopole a obtenu un brevet. La contrainte s'exerce donc dans ce cas sur les autres personnes; ce sont donc elles qui sont les objets du droit du breveté d'invention. Le droit du breveté d'invention est ce que nous appelons un droit personnel.

Conclusion

Si nous réalisons une synthèse de ce que nous venons d'observer en ce qui concerne de l'exercice des contraintes, nous retrouvons seulement deux catégories d'"objets" susceptibles de contrainte:
- les choses matérielles;
- les personnes;

Nous aboutissons par conséquent, par une autre voie à la distinction romaine entre *actio in rem* et *actio in personam*.[161] Les voies d'exécution actuelles portent comme autrefois uniquement sur les choses concrètes et sur les personnes. Il n'existe pas de saisie d'idées par exemple, ou encore de saisie d'un devoir, d'une obligation.[162]

L'auteur a lui-même dégagé ces constatations dans son analyse de ce qu'il appelle la "protection-contrainte". L'auteur écrit à son sujet:

"Elle met en fonctionnement la Force sociale pour protéger un droit attaqué et pour contraindre à cesser cette attaque..."[163]

Or, qu'est-ce que la force? c'est toujours l'idée de pouvoir qui revient- si l'auteur l'avait aperçue il n'aurait pas eu besoin d'un nom composé pour désigner la contrainte; en effet le mot pouvoir peut servir aussi bien à la protection qu'à la contrainte. Il affirme[164] que la "protection-contrainte: "... ce sont les divers procédés d'exécution sur les biens... soit sur la personne". Il écrit aussi:[165] "sans cette contrainte agissant ou prête à agir, il [le droit] est pur platonisme"

Tout ce qui précède nous permet de déduire (et confirmer) les points suivants:
- tous les droits sont toujours des pouvoirs (le contenu d'un droit est toujours un pouvoir) reconnus et garantis par la loi;
- le droit (pris au sens de pouvoir) n'est pas seulement une relation entre des hommes. Les travaux de Monsieur PICARD ont démontré qu'un lien de droit peut exister à la fois entre une personne et une chose et entre des personnes.
- puisque les droits sont tous des pouvoirs garantis, ce qui importe ce n'est pas de classer les différents droits ou les différentes intensités des droits; mais les objets possibles des pouvoirs. Ces objets possibles ne peuvent être que les choses ou les personnes. Nous retrouvons alors la classification tripartite des romains entre choses

(matérielles), personnes et actions de la loi (c'est-à-dire garanties des pouvoirs possibles).

Les anciens Romains avaient établi une distinction entre choses corporelles et choses incorporelles.[166]

Comme les Romains étaient très pragmatiques, ils ne pouvaient pas avoir inventé une distinction inutile. Donc, si nous ne retrouvons pas d'*actio* garantissant les pouvoirs sur l'incorporel, c'est que pratiquement la chose n'est pas possible et n'a jamais pu l'être. La seule possibilité d'agir sur l'immatériel consiste à exercer une contrainte sur les personnes (par exemple pour qu'elles tiennent une promesse). Les Romains accordaient une *actio in personam* quand un lien invisible unissait les personnes. Les personnes pouvaient être liées par les promesses, ou par la loi (lorsque celle-ci a prévu, conformément à la nature, que l'accomplissement d'un fait établit un lien entre des personnes, c'est le cas par exemple des délits...).

Nous retrouvons alors la distinction que nous avions relevée entre action sur le concret et action sur l'immatériel. Les actions sur l'incorporel, c'est-à-dire ce que nous classons aujourd'hui dans la catégorie des droits personnels apparaissent à Rome comme étant très efficaces, non seulement parce qu'elles pouvaient aboutir à une action directe sur le corps du débiteur; mais aussi en raison des obligations psychologiques très fortes qui devaient peser sur des personnes dont les promesses, par le biais de rituels, les liaient spirituellement.

Nous pouvons à présent appliquer ces observations et déductions à la critique des autres thèses de la nature juridique des droits sur l'invention.

§2 Critique de la thèse de KOHLER[167]

Le schéma que nous pouvons réaliser d'après les idées de l'auteur que nous avons exposées dans la première partie, est le suivant:

Schéma n° 12:

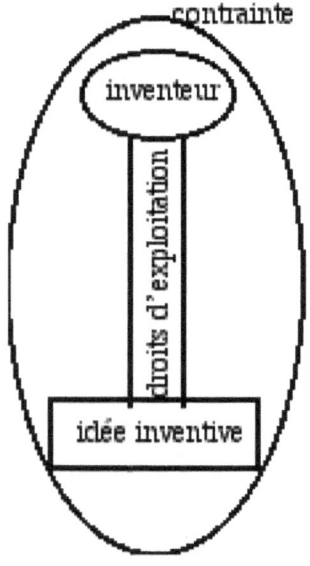

ROUBIER avait critiqué cette théorie en révélant notamment qu'il s'agissait ni plus ni moins, de la théorie de la propriété incorporelle. Il écrit à propos de KOHLER: "Il a changé la terminologie, mais il n'a guère modifié les conceptions juridiques".[168] Cette remarque nous paraît justifiée dans la mesure où KOHLER a écrit que le droit d'exploitation de l'invention et le droit de propriété ne se distinguent pas dans leur contenu dans la mesure où ils comprennent tous deux le droit d'user et de jouir[169] et que la différence entre les deux droits apparaît dans leurs objets.

En ce qui concerne le schéma:
Puisque l'objet du droit de l'inventeur est selon KOHLER l'idée inventive; et puisque la contrainte juridique est toujours exercée sur l'objet des droits; il s'ensuit qu'en cas de non-respect du droit d'exploitation de l'inventeur breveté, l'action en contrefaçon devrait être exercée contre l'idée inventive.[170] Or il est évident que l'action en contrefaçon ne peut être menée que contre des personnes et qu'il n'existe pas de moyen de contrainte sur les idées.

§3 Critique de la théorie des droits intellectuels de DABIN

Elle est jumelle de celle de KOHLER puisque la différence entre les deux thèses se situe uniquement sur le plan de la terminologie. La thèse de DABIN peut être représentée schématiquement comme il suit:

Schéma n° 13, théorie de DABIN:

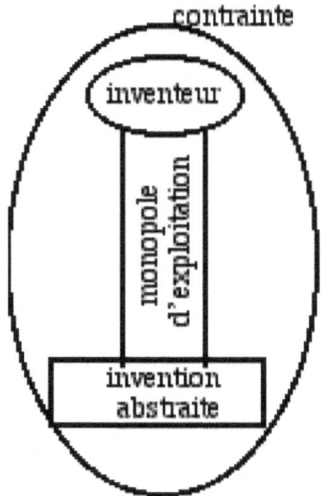

Ce qui est remarquable c'est que l'auteur lui-même écrit que les choses incorporelles sont les "objets les moins susceptibles de monopole et qu'elles se dérobent à tout cantonnement au profit d'un seul".[171] Cela fait confirmer par l'auteur même notre critique selon laquelle l'objet du droit de l'inventeur ne peut être l'invention abstraite, dans la mesure ou tout objet d'un droit quelconque doit pouvoir être atteint par les voies d'exécution. A défaut de possibilité de garantie, le droit n'est qu'une fiction.

§4 Critique de la thèse des droits de clientèle de ROUBIER:

Pour faire ressortir rapidement les insuffisances de la thèse de Monsieur ROUBIER; il suffit de substituer au schéma de Monsieur PICARD, un schéma de même nature réalisé d'après les idées de Monsieur ROUBIER. A la lecture des travaux de Monsieur ROUBIER, nous pouvons représenter schématiquement sa théorie ainsi qu'il suit.

Schéma n° 14

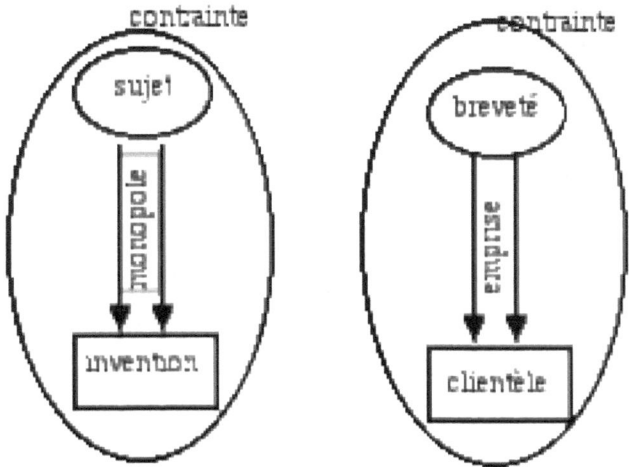

schéma de PICARD   d'après les idées de ROUBIER

L'objet du droit étant la clientèle, la contrainte devrait s'exercer sur cet objet. Il est facile alors de s'apercevoir que la contrainte sur la clientèle est un non-sens. Il est bien évident qu'en cas d'atteinte à un monopole d'exploitation, il ne sert à rien d'agir sur la clientèle pour garantir le droit; la contrainte devra s'exercer au contraire contre les autres concurrents qui n'auraient pas respecté ce monopole.

SECTION 2
Critique de la thèse de la propriété incorporelle

Etant donné le succès de cette thèse, nous proposons de l'étudier et de la critiquer plus en détail. Nous verrons dans un premier paragraphe comment nous sommes arrivés au concept de propriété incorporelle; dans un second paragraphe, nous en ferons la critique à partir des idées de JOSSERAND.

§1 De la propriété traditionnelle à la propriété incorporelle
1 Caractères originels du droit de propriété
Nous proposons de tenter de reparcourir les grandes étapes du passage de la notion de propriété corporelle à la notion de propriété incorporelle. De nombreux auteurs ont réfléchi au concept de propriété, fondamental dans notre système juridique. Des classifications des droits ont été proposées. Traditionnellement, les auteurs font une distinction entre les droits patrimoniaux et les droits extra-patrimoniaux. Le droit de propriété est bien évidemment classé parmi les droits patrimoniaux, et considéré comme le droit réel par excellence.

"C'est le droit le plus complet que l'homme puisse exercer sur une chose".[172] Il donne à la personne "un pouvoir direct et immédiat sur une chose."[173] Parmi les droits patrimoniaux les auteurs établissent des classifications. Pour les uns, les droits patrimoniaux se subdivisent en droits réels, droit personnels et droits intellectuels.[174] Pour d'autres, c'est la classification traditionnelle en droits réels et personnels qui est retenue.[175]

Selon ROUBIER:

"Les droits particuliers sur les éléments du patrimoine" se subdivisent en: droits réels, droits de créance, droits d'entreprise ou de clientèle ("dont l'objet se relie à une forme d'exploitation économique, tendant à retirer un profit de la clientèle pour l'objet de l'entreprise créée").[176]

Dans les travaux consacrés à la classification des droits, une place de premier choix est toujours accordée aux droits réels et parmi eux au droit de propriété. L'idée la plus courante est exprimée ainsi:

"Les droits réels sont décrits comme comportant un rapport immédiat et direct entre une chose et la personne au pouvoir de laquelle elle se trouve soumise d'une manière plus ou moins complète. L'idée en a été formée en considération des choses corporelles et du droit de propriété."[177]

Ce qui ressort en définitive des travaux concernant le droit de propriété, c'est la force de ce dernier et le caractère nécessairement concret de son objet. Des auteurs affirment qu'on "...ne conçoit un rapport immédiat qu'avec une chose qui existe";[178] que "par définition même le droit réel doit forcément avoir un objet déterminé: ce doit être un corps certain..."[179] Roubier écrivait: "Les droits réels.. ont été organisés... dans le cadre des biens du monde extérieur".[180]

A Rome, le droit de propriété impliquait la maîtrise de la chose; et le transfert de propriété ne se concevait qu'accompagné du transfert de la chose elle-même. Dans le droit moderne, le transfert conventionnel du droit de propriété a été créé grâce à une fiction juridique.[181] A l'origine, le droit de propriété se confondait avec la chose et n'était en réalité qu'un pouvoir physique sur la chose que les Romains appelaient *dominium*.[182] Ce pouvoir pouvait exister en dehors du système juridique, comme tous les autres pouvoirs.

2 <u>L'amorce de la dématérialisation du concept de propriété</u>

Nous pensons que la fiction juridique consistant à transférer conventionnellement la propriété, - indépendamment du transfert immédiat de la chose objet du droit de propriété- a été l'amorce de la déstructuration du concept de propriété. Ou encore, selon JOSSERAND, de sa dématérialisation. Nous avons fictivement détaché le droit de propriété de son objet, pour faciliter les opérations se rapportant aux biens.[183] De fiction en fiction, des auteurs s'interrogeant sur le concept de propriété en sont venus jusqu'à considérer qu'un objet n'est pas un bien; mais qu'au contraire est un bien le droit de propriété portant sur cet objet. Des auteurs écrivent:

"En réalité, les biens incorporels sont encore des droits. précisément ce sont des droits de propriété, portant sur des choses déterminées, une chose en effet n'est pas en elle-même un bien, qui a une valeur pécuniaire, c'est le droit portant sur cette chose. Mais, le droit de propriété étant le droit le plus complet que l'on puisse avoir sur une chose, on le confond avec le chose elle-même sur laquelle il porte".[184]

3: La naissance de la propriété incorporelle: l'appropriation des droits

L'attention de la doctrine juridique s'est peu à peu déplacée de l'étude de l'objet du droit de propriété vers l'étude du contenu du droit de propriété. Le caractère concret de l'objet du droit de propriété est ainsi passé au second rang et a permis à la notion de propriété incorporelle de prendre son essor. La doctrine a alors considéré que la propriété peut s'appliquer indifféremment aux biens corporels et incorporels car ce qui importe c'est le contenu du droit de propriété. JOSSERAND considère qu'il s'agit d'une évolution du concept de propriété.

Parmi les biens incorporels susceptibles de propriété nous trouvons aujourd'hui la créance qui est l'exemple type de la propriété incorporelle. Mais, au-delà de cet exemple type; il faut bien se rendre à l'évidence que le concept de propriété s'est en réalité abattu sur tous les types de droits. Les droits sont devenus des biens susceptibles de propriété tout comme les biens corporels. Nous disons aujourd'hui: "j'ai un droit", tout comme s'il s'agissait d'un objet.

Des auteurs ont écrit:

> "L'expression 'biens' ... désigne les droits à caractère économique, les droits patrimoniaux. On a cependant l'habitude de distinguer les biens corporels, qui sont les choses matérielles, en tant qu'elles sont susceptibles de droits et les biens incorporels, qui sont les droits, droits réels, personnels, ou intellectuels".[185]

Deux sens sont donc aujourd'hui reconnus au mot bien: dans un premier sens le terme renvoie aux choses matérielles; dans un second sens il renvoie aux "droits portant sur les choses".[186] Cependant, ce qui ressort chez de nombreux auteurs, c'est que le mot "bien" est surtout utilisé lorsqu'une chose matérielle ou immatériellr a de la valeur.[187]

La doctrine en est venue à considérer qu'un droit étant un bien en raison de sa valeur, le droit de propriété peut s'appliquer à un droit et devenir ainsi un droit de propriété incorporelle.

ROUBIER affirme pourtant "Notre droit civil est en principe établi sur la base des biens corporels ou matériels".[188] Mais, il observe ensuite que "le droit moderne, grâce à la théorie des *res incorporales*, va plus loin, qu'il assimile aux biens les autres droits comme les droits de créance, les droits de clientèle (fonds de commerce, brevets etc...) et l'auteur admet la possibilité de droits réels sur tous ces droits...".[189] Il désigne cette évolution par ces termes: "phénomène de l'appropriation des droits" et il conclut:

"Donc grâce au phénomène de l'appropriation des droits, il pourra y avoir des droits réels établis dans cet univers juridique, qui vient doubler l'univers matériel: le droit tout entier, envisagé comme propriété, pourra supporter une amputation de ses prérogatives, analogue à celle qui frappe les propriétés corporelles. Le régime des droits réels, établi pour des biens matériels a pu être ainsi étendu à des biens juridiques: il y a, pour ceux-ci, un régime de quasi-possession, analogue à la possession des biens matériels."[190]

4: Création de nouveaux objets de propriété

La dernière étape de l'évolution du concept de propriété a consisté à créer de nouveaux biens susceptibles de propriété qui ne sont ni des droits, ni des objets concrets et que KOHLER a qualifiés de biens immatériels. Il s'agit tout particulièrement des inventions, et de façon générale de tout ce qui se rapporte à la création intellectuelle. L'économique a tout absorbé, puisque les idées ont de la valeur pourquoi ne pas les considérer comme des biens et leur appliquer le concept de propriété?[191]

Utilisant le langage économique, de nombreux auteurs ont démontré que l'invention utile et rare était un bien ayant une valeur. En tant que bien, l'invention leur est alors apparue comme étant susceptible d'appropriation. Le problème est que la pratique juridique résiste à cette qualification et révèle son caractère erroné. Il suffit de lire l'article de Monsieur ADDA pour s'apercevoir que la théorie de la propriété incorporelle des inventions est inapplicable en pratique. L'auteur décrit par exemple l'impossibilité d'appliquer la loi sur la réserve de propriété en matière de fourniture de logiciels.[192]

Dans le même ordre d'idées, des praticiens se sont récemment demandés si la théorie des vices cachés pouvait s'appliquer en matière d'élaboration de logiciels par des sociétés de service en ingénierie informatique. Or la théorie des vices cachés est conçue pour la matière et non pour l'immatériel. En effet, comment distinguer dans l'immatériel entre les vices cachés et les vices apparents. Cela est impossible. Dans le cas de fourniture de logiciel, il ne s'agit pas de savoir si un logiciel comporte un vice caché, il suffit de rechercher si l'obligation du fournisseur a été bien remplie. Le débat se situe alors sur le plan des relations entre les personnes (et sur le terrain contractuel) et non sur celui de la matière et de la théorie des vices cachés.

Résumé de l'évolution du concept de propriété

Au départ, le droit de propriété se confondait avec son objet qui était toujours une chose concrète. La transmission du droit de propriété ne se concevait qu'accompagnée de la transmission de l'objet. Dans une seconde étape, la création par une fiction juridique du transfert conventionnel du droit de propriété a amorcé la distinction entre le droit de propriété et son objet. On s'est alors attaché à l'analyse du contenu du droit de propriété et on a accordé une place principale au contenu du droit au détriment de l'objet. Les droits ainsi détachés de leur contenu ont pu, par l'effet d'une nouvelle fiction juridique[193] être à leur tour transmis. Tant et si bien qu'en raison de la possibilité de les transmettre ils sont devenus des valeurs marchandes susceptibles de propriété au même titre que les biens corporels. Le droit de propriété portait jusque là sur les choses concrètes et sur les droits. Dans la dernière étape, il portera directement sur l'immatériel, l'inappropriable par excellence: les idées. Il est aujourd'hui tout à fait banal de parler de propriétés intellectuelles ou de propriété incorporelle. Monsieur CATALA a pu écrire:

> "Longtemps, cette notion de propriété sans 'corpus' parut choquante aux interprètes rompus à la théorie romaine des droits réels. L'essence de la propriété n'est-elle pas la chose corporelle, objet du droit? Mais, des études récentes ont montré que le droit de propriété vaut surtout par l'opposabilité absolue de la protection dont jouit son titulaire".[194]

§ 2 Critique de la théorie de la propriété incorporelle de JOSSERAND[195]

JOSSERAND a fondé sa théorie sur la critique des anciens Romains, lesquels, à son avis, confondaient de manière primitive le droit de propriété avec la chose.

Or, l'auteur écrit lui-même que les Romains n'avaient pas pris conscience du concept de droit de propriété. Il écrit que pour les quirites: "la propriété s'affirmait comme un pouvoir, comme un *dominium*, plutôt que comme un rapport juridique".[196] En d'autres termes, le point de départ de sa théorie est erroné. Dans l'exposé de sa conception de la propriété, Il écrit:

> "Immatériel et ainsi idéalisé, le droit de propriété va pouvoir porter sur des biens incorporels et non pas seulement sur des choses: l'usufruit, qui n'est qu'un démembrement de la propriété, est susceptible d'être établi sur une créance, une rente, un fonds de commerce, un usufruit même; pourquoi en irait-il autrement de la propriété envisagée dans sa plénitude? Le droit-souche [c'est-à-dire la propriété] n'est pas d'autre essence que les démembrements qui en dérivent; comme eux il exerce son emprise sur son objet sans s'identifier à lui":[197]

Or, qu'est-ce qu'une emprise? C'est bien un pouvoir. Par conséquent l'auteur considère que la propriété et ses démembrements sont des emprises, des pouvoirs sur les choses, tout comme les Romains. Or comment dissocier le fait d'appréhender et la chose. Peut-on appréhender, saisir l'immatériel? L'appréhension est d'essence physique, matérielle par conséquent elle ne se conçoit pas sans objet tangible.

Le point de départ de sa critique est erroné dans la mesure où il apparaît impossible aux romains qui ont le *dominium*, comme aux personnes de notre époque qui auraient simplement une emprise sur les choses, de détacher l'emprise de la chose elle-même. Jamais nous ne mettons la main sur des idées! Les Romains distinguaient entre les choses qui sont concrètes et s'appréhendent physiquement et les choses incorporelles qui se perçoivent par l'entendement.

Le concept romain de propriété était tout à fait logique. Nous avons vu pourquoi le demandeur ne demandait pas la propriété d'une chose, en justice, mais la chose elle-même; dans la mesure où il lui suffisait d'obtenir la chose pour avoir du même coup le pouvoir sur elle. C'est en cela que la propriété et la chose se confondaient.

A quoi cela aurait servi de demander en justice un droit de propriété sur une chose, si des mesures n'avaient pas été prises pour transférer la chose. De nos jours, nous ne disons jamais que quelqu'un nous a dérobé notre droit de propriété, mais que quelqu'un nous a volé une chose. Nous demandons, non pas la restitution du droit de propriété, mais la restitution de la chose. La notion de vol est la correspondance pénale du concept de propriété traditionnelle, c'est la raison pour laquelle, malgré toutes les volontés déployées il est impossible de l'appliquer aux objets de la propriété incorporelle. Si nous allions jusqu'au bout de la logique selon laquelle le droit de propriété se détache de plus en plus de la chose, alors nous pourrions tout aussi bien être propriétaire sans objet de propriété qu'il soit corporel ou incorporel. Mais, n'allons pas trop loin! Selon la théorie de JOSSERAND, cela est impossible puisque le droit de propriété implique selon lui, la prérogative suivante: il faut pouvoir retirer les avantages (le maximum d'avantages) du bien dont on est propriétaire.[198]

Ceci nous invite à nous poser la question suivante: l'inventeur retire-t-il le maximum d'avantages de l'invention? A cette question, nous sommes forcés de répondre par la négative. L'inventeur tire le maximum d'avantages, non de son invention, (que peut-être il n'utilisera pas lui-même) mais de son monopole d'exploitation. Si propriété incorporelle il devait y avoir, elle ne saurait porter que sur le brevet, qui matérialise ce qu'on appelle couramment le monopole d'exploitation.

Le droit sur le brevet remplit les conditions dégagées par l'auteur pour qu'il y ait propriété:
-il est opposable à tous;
-l'inventeur en tire le maximum d'avantages;
-il existe un rapport direct entre l'inventeur et le brevet (ou

monopole d'exploitation).

Or, chacun sait, même si nous avons aujourd'hui tendance à l'oublier, que la propriété d'un droit (il s'agit couramment d'un droit de créance) est une fiction juridique.[199] L'idée de la propriété incorporelle du breveté ne saurait être qu'une fiction dont le résultat serait assez fragile. L'auteur écrit: "devenue moins matérielle la propriété en est devenue plus fragile".[200]

Il nous reste à présent à démontrer à l'aide de l'instrument tiré de la critique des théories de PICARD que la propriété incorporelle n'est pas concevable en pratique, car il lui manque la contrainte. La thèse de Monsieur JOSSERAND peut être schématiquement représentée ainsi qu'il suit:

Schéma n° 15

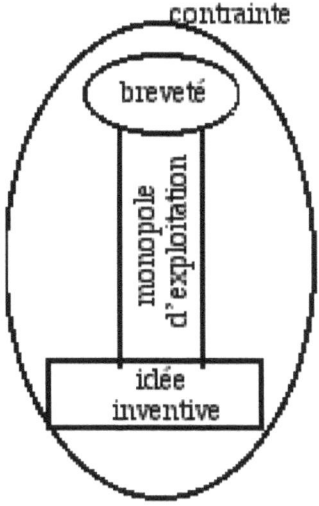

Nous observons encore ici qu'en cas d'atteinte au monopole d'exploitation, la contrainte qui ne s'exerce que sur l'objet des droits devrait alors s'exercer sur l'idée inventive. Ce qui est impossible. Nous n'exerçons pas de voies d'exécution sur l'abstrait.

TROISIEME PARTIE

LE DROIT PERSONNEL DE L'INVENTEUR

SES CONSÉQUENCES QUANT A LA PHILOSOPHIE DU DROIT DES BREVETS D'INVENTION

INTRODUCTION:

De la solution de l'énigme de la distinction des droits réels et des droits personnels découle l'évidence que le droit du breveté ne peut être qu'un droit personnel, dans la mesure où nous ne pouvons agir sur "l'immatériel" qu'à travers les personnes. Nous pouvons dresser le schéma suivant du droit du breveté d'invention, schéma n° 16

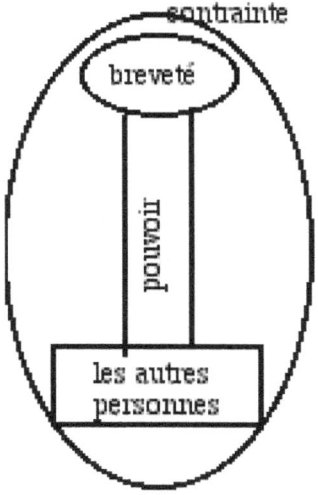

Le pouvoir sur les personnes consiste en une interdiction de faire.

La loi du 2 janvier 1968, (nouveau texte) confirme ce résultat dans ses articles 29 et suivants qui ne sont qu'une liste d'interdictions de faire:

Article 29: "Le brevet confère le droit d'interdire à tout tiers, en l'absence du consentement du propriétaire du brevet:

a) la fabrication, l'offre, la mise dans le commerce, l'utilisation ou bien l'importation ou la détention aux fins précitées du produit objet du brevet;

b) l'utilisation d'un procédé objet du brevet ou, lorsque le tiers sait ou lorsque les circonstances rendent évident que l'utilisation du procédé est interdite sans le consentement du propriétaire du brevet, l'offre de son utilisation sur le territoire français;

c) l'offre, la mise dans le commerce ou l'utilisation ou bien l'importation ou la détention aux fins précitées du produit obtenu directement par le procédé objet du brevet.

Article 29 bis: "Le brevet confère également le droit d'interdire à tout tiers, en l'absence du consentement du propriétaire du brevet, la livraison ou l'offre de livraison, sur le territoire français, à une personne autre que celles habilitées à exploiter l'invention brevetée, des moyens de mise en oeuvre, sur ce territoire....".

Il nous reste à présent à préciser la nature de ce droit personnel et à en tirer les conséquences pour la philosophie du droit de la propriété industrielle. Nous le ferons après avoir relevé les raisons essentielles qui ont contribué à laisser inexploré le champ des droits personnels.

CHAPITRE 1
Les causes de l'inexploration du champ du droit personnel

La nature personnelle du droit du breveté n'a pas pu être dégagée parce que, faute d'avoir compris l'origine de la distinction des droits réels et personnels, des erreurs ont été commises quant au caractère essentiel du droit de propriété (Section première). Une autre raison tient à l'attrait exercé sur nos esprits par le concept de propriété (section seconde).

SECTION 1
L'erreur sur le caractère essentiel du droit réel

C'est la démarche juridique habituelle, à base de raisonnement purement logique, de comparaisons de détails et de positivisme juridique qui doit être la première visée, en ce qui concerne l'erreur sur le caractère essentiel du droit réel. Au lieu de remonter aux sources naturelles de la distinction, les auteurs sont restés sur un plan purement intellectuel qui ne leur donnait pas d'alternative à la comparaison des deux éléments (droits réels et droits personnels) et les obligeait à les définir l'un par rapport à l'autre. Les "personnalistes" ont mené leur comparaison à partir du point de vue du droit personnel et ont abouti à la personnalisation du droit réel. D'autres auteurs à leur suite ont poussé jusqu'à l'extrême limite la comparaison entre droits réels et droits personnels et ont ainsi démontré que les éléments par lesquels nous marquions traditionnellement la différence entre les deux catégories n'avaient plus aucune valeur révélatrice d'une quelconque différence, parce qu'ils se retrouvaient finalement dans les deux catégories juridiques. Cela a été particulièrement prouvé en ce qui concerne l'élément qui traditionnellement départageait les deux catégories: l'opposabilité. De nombreux auteurs, et parmi eux nous pensons particulièrement à DABIN, ont pu écrire que "tous les droits sont opposables à tous".[201]

La démarche positiviste et logique ne permettait pas de remonter aux véritables sources du droit, lesquelles sont particulièrement apparentes dans cette distinction. La solution de "l'énigme" fait apparaître de manière incontestable que le droit n'est pas un fruit de la pure raison humaine détachée des lois naturelles. Partant des textes positifs toutes les théories possibles ont été proposées et ont finalement abouti à mettre en lumière l'impossibilité d'apporter une solution à la question, par la méthode logique et positiviste.

Il est assez étonnant de voir combien l'idée selon laquelle le droit réel serait un droit opposable à tous, absolu; tandis que le droit personnel serait un droit relatif, est imprimée dans nos consciences de juristes. Et il est remarquable de noter que, malgré l'idée exprimée par ROUBIER selon laquelle l'opposabilité n'est pas la caractéristique essentielle du droit de propriété,[202] l'auteur a écarté dans un autre de ses écrits l'analyse du champ de la nature personnelle du droit du breveté au motif que le droit du breveté est absolu alors que le droit personnel est relatif. Pourtant, intuitivement, l'auteur s'était d'abord orienté vers le droit personnel. Monsieur ROUBIER suggère la création d'une troisième classe de droits patrimoniaux, il est intéressant de le citer:

"Car il ne pouvait sérieusement être question de les classer parmi les droits de créance. En effet, les droits privatifs d'exploitation sont opposables à tous; leurs bénéficiaires peuvent les invoquer à l'encontre de tous leurs rivaux dans la concurrence économique. Ce trait est un de ceux qui avaient le plus contribué à les faire rapprocher de la propriété. Sans doute, à d'autres points de vue, ils pouvaient ressembler davantage à la créance, à raison de leur caractère incorporel; mais jamais un rapprochement n'a été tenté avec le droit de créance à cause du caractère absolu du droit privatif d'exploitation; la créance, au contraire, ne peut être opposée qu'à une personne déterminée ou tout au plus à ses ayant-cause, jamais aux tiers".[203]

Quant à Monsieur CATALA, il n'a pas exploré le domaine du droit personnel pour le même motif. Il part de l'idée que le droit du breveté est un droit de propriété car il est opposable à tous, il écrit:

"Des études récentes ont montré que le droit de propriété vaut surtout par l'opposabilité absolue de la protection dont jouit le titulaire" ... "Un droit sans 'corpus' mais opposable à tous emprunte à la propriété son caractère essentiel et possède une valeur propre".[204]

Cependant, la lecture de quelques passages des travaux de Monsieur CATALA, révèle que l'auteur avait l'intuition profonde du caractère personnel du droit du breveté. Cette intuition se fraie ici et là un passage à travers la raison logique. Elle apparaît particulièrement à travers les comparaisons, ou les qualifications données à titre d'images. L'auteur écrit:

"On envisage d'ordinaire l'*intuitus personae* dans le droit des contrats. Sa place dans le droit des biens n'est pourtant pas négligeable: il affecte la plupart de ceux dont la valeur suppose une exploitation, c'est-à-dire une clientèle. Mais, son importance est variable".[205]

Il affirme ensuite:

"Si les biens que l'on s'efforce d'analyser sont complexes et immatériels, ce n'est pas seulement en raison de leur substance patrimoniale composite; c'est aussi parce que la personne et l'activité de leur titulaire en constituent le nécessaire support".[206]

L'auteur utilise en outre assez souvent le terme privilège. Or un privilège c'est bien un droit personnel, qui établit une préférence entre personnes; c'est ce qui ressort des articles 2094 et 2095 du code civil.[207]

L'idée souvent critiquée en doctrine[208] (dont le caractère erroné a été maintes fois démontré),[209] selon laquelle le caractère essentiel du droit réel serait l'opposabilité à tous, n'a pas été l'unique raison de l'inexploration du caractère personnel du droit du breveté. L'attrait psychologique qu'exerce sur nos esprits la propriété a, à notre sentiment, joué un rôle déterminant.

SECTION 2
<u>Les charmes de la propriété</u>

Il est banal de constater que la propriété est le sujet principal des théories juridiques et philosophiques. De nombreuses études ont été réalisées. Elles ont souvent porté sur son fondement, sa justification, sa fonction sociale, son utilité, les atteintes que l'Etat y porte. Les études se sont multipliées avec l'apparition des idées de propriétés incorporelles ou propriétés intellectuelles. Dans la mesure où la notion de vol est le pendant du concept de propriété du droit civil, elles ont entraîné avec elles les pénalistes qu'elles ont amené à se pencher sur le vol de l'immatériel. La multiplication des études consacrées à la propriété traduit une tendance profonde de la société à attacher une importance aux "biens"[210] qui ont une valeur marchande et parmi eux aux idées.

§1 Les charmes modernes de la propriété

Il faut commencer par observer que ce que nous appelons couramment à présent les "biens immatériels" représentent une valeur de plus en plus grande aux yeux de nos contemporains.

"Il s'agit d'une forme de richesse très importante" écrivait Paul ROUBIER.[211] PICARD pense que seul notre droit moderne a reconnu l'importance de ces droits.[212] Certains auteurs pensent qu'à la catégorie nouvelle de biens immatériels engendrée par le progrès technique, doit correspondre une nouvelle classification juridique. Tandis que d'autres, au contraire, mettent l'accent sur la valeur de ces nouveaux biens et sont attirés par le concept de propriété.

Un phénomène "d'hypnose collective"[213] se produit alors: obsédés par la richesse que représente l'immatériel, nous cherchons à protéger une telle richesse et le droit qui apparaît le plus sécurisant, c'est le droit de propriété. La propriété apparaît plus rassurante que le droit personnel, dont on estime généralement que sa faiblesse va s'agrandissant en raison de la perte d'efficacité de la sanction d'un tel droit.

Les auteurs qui s'interrogent sur les biens intellectuels ne manquent pas de faire cette remarque. Monsieur CATALA a réalisé dans un article une synthèse concernant la perte d'efficacité des droits personnels depuis l'époque romaine. Il écrit:

"...la force de contrainte... n'a cessé de décroître, surtout dans l'ordre de la coercition physique. Abolie par la loi du 22 juillet 1867 pour les dettes civiles, la contrainte par corps a récemment cessé de sanctionner les dommages-intérêts dus par le délinquant à la victime d'une infraction pénale (Ord. du 23 déc. 1958, a. 749, Code de procédure pénale)". Monsieur CATALA cite aussi de nombreux exemples qui démontrent la tendance à l'"humanisation des voies d'exécution sur les biens".[214]

ROUBIER fait le même type d'observations sur la perte d'efficacité des droits personnels.[215]

Nous pouvons conclure que: la perte d'efficacité des droits personnels et la volonté d'obtenir des droits forts sur l'immatériel en raison de leur valeur économique croissante ont contribué à nous faire négliger la sphère des droits personnels au profit de la sphère des droits réels plus sécurisante. L'erreur sur la distinction entre droits réels et personnels a été une invitation à création du concept de propriété incorporelle.

Ceci est vrai pour l'époque actuelle. Mais, lorsque nous apprenons que RIMBAUD, longtemps déjà après la révolution, a été brièvement emprisonné pour avoir voyagé sans billet,[216] nous nous questionnons sur les raisons qui ont pu pousser le législateur révolutionnaire à ranger le droit de l'inventeur et de l'auteur dans la catégorie des droits de propriété; à une époque à laquelle la sanction des droits personnels était encore sévère.

§2 Les charmes de la propriété à l'époque révolutionnaire

Il ne s'agit pas d'étudier le concept de propriété dans son ensemble à cette époque, ni l'histoire de la législation industrielle. Ce que nous voulons faire, c'est simplement mettre en lumière les motifs qui ont poussé le législateur révolutionnaire à appliquer au droit de l'inventeur le concept de propriété.[217]

A) La situation des "créateurs" avant la révolution

Depuis longtemps, les inventeurs et les artistes se sont vus accorder des faveurs ou des privilèges. A Rome des exemptions de charges publiques avaient été accordées aux personnes qui se livraient aux arts. JULES CESAR, pour attirer les enseignants des arts libéraux à Rome, leur avait accordé le droit de cité.[218]

Monsieur VIVANT[219] écrit qu'à Athènes, six siècles avant Jésus-Christ avait déjà existé une législation qui accordait un privilège aux inventeurs de spécialités gastronomiques. C'est dans la République de Venise qu'apparaissent les premières réglementations des privilèges d'exploitation.[220]

Monsieur CALMELS cite dans son ouvrage de nombreux exemples de gratifications accordées à des auteurs à diverses époques.[221]

En France, peu à peu naquirent des régimes de privilèges sur les oeuvres littéraires et artistiques, qui ne gratifiaient pas nécessairement les auteurs et étaient arbitrairement délivrés aux libraires, même pour l'exploitation d'ouvrages anciens. Une lente évolution vers la recherche d'une certaine justice commença vers les années 1579 pour aboutir peu à peu à une réglementation des privilèges portant sur leur durée et leur mode d'attribution. Un arrêt du Conseil d'Etat du 30 août 1777 distinguait entre le privilège de l'auteur et la permission. Cette permission était en réalité ce que nous appelons aujourd'hui une licence. L'arrêt employait aussi l'expression "cession de privilège".

En Angleterre, les privilèges sur les créations de l'industrie furent réglementés dès 1623 par le Statute of Monopolies. En France, des réglementations ont dans un premier temps accordé des privilèges de fabrication ou des exemptions de charges publiques par secteurs d'activités, ces privilèges furent confirmés à plusieurs reprises à partir du 4 mai 1548. Ils étaient cependant rarement accordés en dehors des corporations. Il fallut attendre la révolution pour en venir à la suppression des corporations; puis des privilèges, et à l'affirmation du droit de propriété des inventeurs et des auteurs. C'est sous la pression des intéressés qui demandèrent la consécration de leurs droits devant l'Assemblée Nationale en 1790, que fut instauré ce droit de propriété.

B) La propriété des inventeurs dans la loi du 7 janvier 1791
Les motifs de la qualification de droit de propriété des droits des inventeurs, sautent aux yeux. Il s'agissait de permettre la survivance de ce type de privilège qui avait fait ses preuves quant à son utilité économique. Le mot propriété, qui faisait partie de la liste "magique" des révolutionnaires était le masque idéal qui allait permettre au privilège de l'inventeur de survivre "incognito" à la nuit du 4 août 1790 et de s'épanouir derrière sa façade d'une façon remarquable.

Avec raison, Paul ROUBIER avait exprimé ainsi qu'il suit la réelle intention du législateur révolutionnaire: "Il veut mettre au-dessus de toute discussion les droits nouveaux qu'il vient de consacrer. Ce ne sont plus, comme sous l'Ancien Régime, des privilèges..."[222]
Il suffit de lire l'article 17 de la loi du 7 janvier 1791:
"N'entend l'Assemblée Nationale porter aucune atteinte aux privilèges exclusifs ci-devant accordés pour inventions et découvertes, lorsque toutes les formes légales auront été observées pour ces privilèges, lesquels auront leur plein et entier effet; et seront, au surplus, les possesseurs de ces anciens privilèges, assujétis aux dispositions du présent décret.

Les autres privilèges, fondés sur de simples arrêts du Conseil, ou sur des lettres patentes non enregistrées, seront convertis sans frais en patentes, mais seulement pour le temps qui leur reste à courir, en justifiant que lesdits privilèges ont été obtenus pour découvertes et inventions du genre de celles énoncées aux précédents articles.
Pourront, les propriétaires desdits anciens privilèges enregistrés, et de ceux convertis en patentes, en disposer à leur gré, conformément à l'article 14."

pour s'associer à la remarque de Monsieur BERVILLE qui affirmait en 1841: "Le droit des auteurs n'est pas une propriété, c'est une parole obligeante du législateur; ce n'est pas une définition légale".[223]

Le concept de propriété des inventions ou des créations littéraires et artistiques s'éclaire alors par ses origines. Le mot propriété n'a été qu'une fiction juridique, nécessaire à l'époque révolutionnaire. Dans la vague des droits naturels (tirés de la nature de l'homme, et non pas de la nature de l'univers comme cela était conçu dans l'Antiquité);[224] la fiction de la propriété des inventeurs constituait le masque idéal pour sauver sans peine les privilèges des inventeurs. Elle a si bien réussi qu'elle vit encore aujourd'hui dans notre vocabulaire courant[225] et qu'elle a même retrouvé une nouvelle jeunesse dans les théories de la propriété incorporelle.

Pourtant, il est clair que dès 1791 ce que nous appelons la propriété intellectuelle obéissait aux règles des privilèges et n'était accordée qu'à certaines conditions. Il suffit de lire le préambule de la loi pour se rendre compte que l'intérêt des inventeurs n'arrivait qu'en seconde position derrière l'intérêt économique et social de la France.

Le préambule énonce:

"L'Assemblée Nationale, considérant que toute idée nouvelle, dont la manifestation ou le développement peut devenir utile à la société, appartient primitivement à celui qui l'a conçue, et que ce serait attaquer les droits de l'homme dans leur essence, que de ne pas regarder une découverte industrielle comme la propriété de son auteur".

CHAPITRE 2
L'inventeur et les privilèges

Nous verrons que le privilège de l'inventeur se traduit aujourd'hui par la survivance du mot privilège en doctrine; et par le glissement de la question de la nature juridique des droits de l'inventeur[226] à la nature juridique du droit du breveté,[227] puis à la nature juridique des objets auxquels donne lieu l'invention.[228]

SECTION 1
Survivance du terme privilège dans la doctrine et la jusrisprudence

Nous trouvons souvent dans les études sur la nature juridique du droit du breveté les mots: "monopole d'exploitation" assortis quelquefois des mots "opposables à tous". Or, qu'est-ce qu'un monopole d'exploitation opposable à tous, organisé par la loi et garanti par elle: c'est un privilège. Certains auteurs utilisent parfois le mot "privilège". Certains l'utilisent instinctivement (parfois en défendant la thèse de la propriété incorporelle). Voici ce qu'écrit par exemple un auteur:

"Lorsqu'une exploitation est protégée par un monopole ou par un *numerus clausus,* ce privilège renforce notablement les chances offertes à son bénéficiaire de trouver ou de garder une clientèle".[229]

Assez rarement nous trouvons l'affirmation suivante pure et simple qu'il s'agit d'un privilège:
"L'Etat est évidemment souverain, et puisque c'est lui qui concède le brevet, il a toujours la faculté, par une mesure législative par exemple, de supprimer ce privilège ou de n'accorder à l'inventeur qu'une récompense ou une rémunération équitable".[230]

Monsieur WAGRET se distingue en qualifiant le brevet de "droit de péage"[231] et de "privilège économique".[232] Il écrit:

"Si le pouvoir civil, en créant des privilèges économiques, retire du domaine public et de la liberté du commerce certains secteurs d'activités, c'est en vue d'en promouvoir une meilleure exploitation et en considération de l'intérêt collectif; il est donc de l'essence des privilèges économiques de déboucher sur une exploitation de l'activité concédée".

Monsieur ISORE, affirme:

"Il y a une analogie telle entre l'ancienne protection des inventions et celle de nos lois qu'on peut dire qu'il y avait des brevets d'invention et que le nom actuel, seul, n'existait pas" Il conclut: "Que sont donc nos brevets modernes, sinon des privilèges concédés dans un but d'intérêt social?"[233]

Le mot privilège est toujours resté sans écho, pourtant des

décisions jurisprudentielles avaient elles-aussi qualifié le droit du breveté d'invention (ou le droit de l'auteur) de privilège, en affirmant nettement dans le même temps qu'il ne s'agissait nullement de propriété. Un arrêt de la Cour de Cassation du 25 juillet 1887,[234] intervenu en matière de propriété littéraire et artistique mais applicable aussi au droit des brevets, énonçait:

"Attendu que les droits d'auteur et le monopole qu'ils confèrent sont désignés à tort, soit dans le langage usuel, soit dans le langage juridique, sous le nom de propriété; que, loin de constituer une propriété comme celle que le Code civil a définie et organisée pour les biens meubles et immeubles, ils donnent seulement à ceux qui en sont investis le privilège exclusif d'une exploitation temporaire; que c'est ce monopole d'exploitation, comprenant la reproduction et le débit de l'ouvrage, qui est régi par la loi...".

Dans les conclusions du Ministère public de l'arrêt du 22 décembre 1936 de la Cour de Limoges,[235] nous pouvons lire: "La délivrance d'un brevet apparaît comme un acte de gouvernement de la part de la puissance publique, quelque chose comme un acte de souveraineté".

Une décision du tribunal civil de la Seine du 11 août 1836 comporte l'attendu suivant:

"Si le prétendu inventeur au lieu d'une découverte nouvelle ne donne à la société qu'une découverte déjà consignée et décrite dans des ouvrages imprimés et publiés... le prétendu inventeur est alors déchu de son brevet... parce que, ne livrant réellement rien à la société qui était déjà ou allait être, sans avoir besoin de sa coopération, en possession de sa découverte, il ne peut pas garder le privilège qui lui a été accordé comme prix de la découverte qu'il devait livrer, et qu'il est déchu de son brevet, parce que le privilège est reconnu avoir été accordé sans cause".[236]

Dans un arrêt de la Cour d'Amiens du 30 mars 1865, nous pouvons lire:

"Considérant encore que le brevet n'est pas seulement le prix d'une heureuse invention mais la récompense de la révélation d'une découverte; qu'ainsi pour être brevetée il faut que l'invention soit nouvelle et n'ait pas reçu en France ou à l'étranger, et antérieurement à la date du dépôt de la demande, une publicité suffisante pour être exécutée; Que la loi n'a pas voulu définir en termes plus précis le caractère légal de la publicité et a confié aux tribunaux le soin, d'une part, de protéger les inventeurs contre les antériorités prétendues, ne résultant que de vagues théories ou d'inventions incomplètes, sans sortir de la spéculation pour entrer dans le domaine de la pratique; de l'autre, de garder au public toutes les connaissances de l'esprit humain sans permettre aux plagiaires de revendiquer l'honneur et le profit d'une découverte qui ne vient pas d'eux, sans permettre même aux inventeurs sérieux de réclamer pour eux seuls l'exploitation privilégiée d'une invention, après qu'ils ont libéralement divulgué, dans l'intérêt de tous, leur procédé d'exécution". La Cour de Paris dans un arrêt du 1er février 1900 a affirmé au sujet d'oeuvres musicales que les droits des auteurs sont "des privilèges exclusifs d'une exploitation temporaire" [237]

Dans une autre décision concernant les oeuvres musicales nous pouvons lire:
"Attendu que si l'auteur veut exploiter son oeuvre pour en tirer un profit pécuniaire en même temps qu'un bénéfice

moral, la loi lui en donne le droit; qu'elle lui confère à cet égard un privilège exclusif d'exploitation".[238]

Aujourd'hui ce sont les expressions "monopole d'exploitation",[239] droits privatifs qui sont utilisés en jurisprudence.[240]

SECTION 2
De la nature juridique des droits de l'inventeur
à la nature juridique des inventions

Un premier glissement s'est d'abord opéré en doctrine de la question de la nature juridique des droits de l'inventeur à la question de la nature juridique des droits du breveté. S'il a été dit à l'Assemblée Nationale à l'époque révolutionnaire que "le droit des inventeurs est la plus inattaquable, la plus sacrée, la plus légitime, la plus personnelle des propriétés";[241] aujourd'hui personne ne songe à élucider la nature juridique des droits de l'inventeur. Un glissement - révélateur du fait qu'il s'agit d'un privilège- s'est opéré dans le sens de la question de la nature juridique du droit du breveté. PAUL ROUBIER a écrit: "Notre but est de définir quels sont les droits qui naissent d'un brevet d'invention...".[242]

Monsieur MOUSSERON, dans son étude sur le droit du breveté d'invention a démontré de façon très nette que le législateur n'accorde pas un brevet en raison de la création, mais à la suite de la demande de brevet. L'auteur constate que la loi prend en considération le premier demandeur et non le premier inventeur.[243] Il ajoute qu'en cas de bénéfice de l'exception de possession personnelle antérieure[244] l'inventeur n'est pas protégé à raison de la création mais seulement de l'exploitation. L'auteur a mis en lumière à plusieurs reprises dans sa thèse et dans son traité le fait que le paysage de la recherche s'est modifié.[245] La recherche s'organise désormais de plus en plus souvent, autour de centres ou laboratoires importants et nécessite de lourds investissements. Ce qui lui fait dire que le droit des brevets c'est finalement aujourd'hui la protection des investisseurs.[246] Monsieur LUCAS note le même phénomène.[247] C'est l'octroi par l'Etat d'une "situation privilégiée" qui a pour but d'inciter, dans l'intérêt de l'économie nationale, les industriels, à engager des frais parfois très importants dans le domaine de la recherche. Monsieur MOUSSERON conclut:

"Le droit du breveté, loin de retrouver l'inventeur, s'en éloigne régulièrement..." Il écrit aussi: "le droit du breveté trouve son origine non dans une qualité [de créateur] mais dans un acte de son titulaire" [c'est-à-dire la demande de brevet].[248]

C'est aussi l'aspect investissement qui a conduit les inventeurs de produits actuels nouveaux à demander une protection spéciale. Laquelle a été souvent accordée après un certain temps par des textes spécifiques, s'alignant sur le droit des Etats-Unis. Ces textes spécifiques ont créé autour de la loi de 1968 rénovée, des textes satellites qui traduisent un éclatement du droit des inventions. L'élaboration de ces textes spécifiques a conduit à passer du stade de la question des droits du breveté d'invention, au stade de la nature juridique des inventions telles les topographies de produits semi-conducteurs et les logiciels. Le logiciel, par exemple s'est vu refuser -au motif qu'il n'était pas une invention brevetable- la protection par le droit des brevets. Cependant, on a considéré qu'il était une oeuvre littéraire; une oeuvre de langage et on lui a accordé après de longues discussions la protection par le droit de la propriété littéraire et artistique. En ce qui concerne les microprocesseurs, leur protection juridique a été organisée sur le modèle américain,[249] par la loi du 4 novembre 1987.[250] Ce texte s'inspire très largement de la loi du 2 janvier 1968 et renvoie à de nombreux articles de la loi du 2 janvier 1968 il s'agit notamment des articles: 40-43-44-46-59-67-68.

L'exemple des logiciels et des topographies de produits semi-conducteurs -auxquels on refuse dans un premier temps une protection organisée au motif qu'ils ne constituent pas des inventions brevetables, et pour lesquels on élabore par la suite des protections spéciales accordant des monopoles d'exploitation de même consistance que ceux organisés dans le système des brevets- révèle de façon très nette que tous les monopoles d'exploitation des inventions sont des privilèges. Le privilège[251] consiste à établir une préférence entre des personnes (à raison de l'invention) quant à l'exploitation des idées inventives. Mais le mot n'a rien de péjoratif, et ce genre de privilège a fait ses preuves sur le plan économique. Cependant, à l'heure actuelle, nous notons une tendance à un retour à l'arbitraire en matière d'accord de brevets particulièrement dans le cas des logiciels. En effet, les logiciels ont été exclus de la protection par le droit des brevets. Mais il est de pratique dans les milieux professionnels de rédiger d'une certaine façon les demandes de brevet pour obtenir un brevet sur un logiciel, normalement exclu de la protection par le brevet. Il suffit de tenter sa chance. De tels brevets ont déjà été délivrés en France et aux Etats-Unis, et semblent de plus en plus tolérés.

CHAPITRE 3

Définition de l'invention et critères de brevetabilité

SECTION 1
L'évolution de la définition de l'invention et des critères de brevetabilité en droit positif

§1 La loi du 7 janvier 1791

Dans la loi du 7 janvier 1791 la définition de l'invention apparaît d'une simplicité naturelle. C'est une "idée nouvelle", une "découverte". Et les conditions auxquelles cette idée nouvelle est prise en considération par le législateur sont tout à fait limpides. Il s'agit d'accorder -comme l'indique le préambule de la loi- un brevet pour des "idées nouvelles dont la manifestation ou le développement peut devenir utile à la société". Les mots "découverte industrielle" ou "invention" sont synonymes. Le critère de la brevetabilité est, clairement défini et plein de bon sens. <u>L'utilité sociale est le grand principe de la législation des brevets</u>, il n'est jamais fait mention du caractère génial de l'invention; et le but économique du législateur est clairement exprimé dans le préambule de la loi que nous reproduisons:

"L'assemblée nationale, considérant que toute idée nouvelle, dont la manifestation ou le développement peut devenir utile à la société, appartient primitivement à celui qui l'a conçue, et que ce serait attaquer les droits de l'homme dans leur essence, que ne pas regarder une découverte industrielle comme la propriété de son auteur.
Considérant, en même temps, combien le défaut d'une déclaration positive et authentique de cette vérité peut avoir contribué jusqu'à présent à décourager l'industrie française, en occasionnant l'émigration de plusieurs artistes distingués, et en faisant passer à l'étranger un grand nombre d'inventions nouvelles, dont cet Empire aurait dû tirer les premiers avantages. Considérant, enfin, que tous les principes de justice, d'ordre public et d'intérêt national, lui commandent impérieusement de fixer désormais l'opinion des citoyens français sur ce genre de propriété, par une loi qui la consacre et qui la protège...".

Le critère d'utilité sociale est confirmé par l'article 5 de la loi qui accorde un brevet d'invention à un non-inventeur, dans la mesure où la délivrance d'un tel brevet profite à la société. Il s'agit des brevets délivrés pour des importations d'idées étrangères.

Article 5: "Quiconque apportera le premier, en France, une découverte étrangère, jouira des mêmes avantages que s'il en était l'inventeur".

L'article 2 de la loi élargit considérablement le champ des inventions parce qu'il est très général et permet de prendre en considération tout ce qui peut avoir une utilité économique et qui ne serait pas en réalité une invention.
Article 2: "Tout moyen d'ajouter à quelque fabrication que

ce puisse être un nouveau genre de perfection, sera regardé comme une invention".

La loi de 1791 avait, en quelques lignes, clairement énoncé la définition de l'invention, et les conditions auxquelles une invention pouvait permettre d'obtenir une patente. Le principe d'utilité sociale y apparaît comme le critère premier de la brevetabilité, loin devant la récompense d'un quelconque génie ou mérite inventif: l'économie ne se nourrit pas d'éloges.

§2 Définition de l'invention et des critères de brevetabilité dans la loi de 1844

La loi du 5 juillet 1844 n'apporte pas de changement notable en ce qui concerne de la définition de l'invention. En effet, l'article premier de la loi de 1844 énonce: "Toute nouvelle découverte ou invention, dans tous les genres d'industrie, confère à son auteur, sous les conditions et pour le temps ci-après déterminé, le droit exclusif d'exploiter à son profit, ladite découverte ou invention." Tandis que l'article Premier de la loi de 1791 énonçait: " Toute découverte ou nouvelle invention, dans tous les genres d'industrie, est la propriété de son auteur; en conséquence, la loi lui en garantit la pleine et entière jouissance, suivant le mode et pour le temps qui seront ci-après déterminés".
La loi de 1844 ne comporte plus le préambule qui éclairait quant à la définition exacte de l'invention et quant au grand

principe d'utilité économique, propre au droit des brevets. Les critères de brevetabilité se compliquent. Le principe simple contenu dans le préambule de 1791 qui consistait à accorder un brevet pour "toute idée nouvelle, dont la manifestation ou le développement peut devenir utile à la société" est remplacé par une liste de restrictions et de critères de brevetabilité (articles 2 et 5 de la loi).[252]

Le critère de brevetabilité est beaucoup moins clair par rapport à la loi de 1791. La loi concernant les brevets perd sa force et son efficacité car elle n'est plus formulée d'une manière générale permettant une grande souplesse en cas de besoin économique. La loi de 1844 est très mal construite dans la mesure où elle néglige les deux traits fondamentaux du droit des brevets. C'est-à-dire le fait qu'une invention est une idée nouvelle et le principe d'utilité sociale.

Les travaux préparatoires de la loi de 1844 nous éclairent sur l'état d'esprit dans lequel ce texte a été réalisé:

"Faut-il, pour apprécier la législation des brevets, remonter à l'origine des droits des inventeurs, en rechercher le fondement, en discuter le principe, la nature l'étendue. Heureusement, nous n'avions pas, messieurs, à vous déférer une question de pure métaphysique, et nous pensions que les sociétés qui s'éclairent et s'améliorent par les discussions philosophiques, ne se gouvernent pas par des principes absolus et vivent de la réalité des faits".

Cette attitude a été critiquée (nous nous associons à cette

critique) en ces termes par Eugène POUILLET:

"On doit regretter, à coup sûr, cette circonspection du législateur; car la meilleure manière de régler l'exercice d'un droit, c'est d'en rechercher et d'en déterminer l'origine".[253]

§3 L'invention brevetable dans la loi de 1968 (ancien texte)

Il manque à cette loi la définition de l'invention conçue comme étant une idée nouvelle. La loi de 1968 poursuit le mouvement amorcé par la loi de 1844. Le coeur du droit des brevets: l'utilité économique n'y apparaît pas; tandis qu'il faut six articles (dont certains sont assez longs) pour définir les critères de la brevetabilité (voir: article 1; et 6 à 10).

Nous n'entrerons pas actuellement dans le détail, car il sera plus utile de mentionner les conditions de brevetablité à propos de l'analyse de la loi de 1968 (rénovée).

Nous ferons simplement l'observation suivante (qui peut s'appliquer aussi à notre système juridique d'une manière générale): en l'absence d'un principe directeur (jugé métaphysique en 1844!) nous ne pouvons pas légiférer d'une manière générale. Nous sommes obligés d'entrer dans de nombreux détails pratiques qui nous font oublier ce qui est essentiel et donnent un flou à la matière. Ce caractère flou de la législation est souvent ressenti et exprimé.

Ce passage de l'ouvrage de Monsieur BERTIN[254] est très révélateur de la situation actuelle.

Il écrit à propos des critères de brevetabilité:

"En fin de compte, on est toujours ramené à se contenter de solutions approchées, sans qu'on puisse toujours leur conférer cette logique, qui plairait tant aux esprits scientifiques. Constatons donc, sans esprit de critique destructive, que les jugements de brevetabilité se présentent le plus souvent pour les cas douteux, et ils sont légions, comme des recettes de cas d'espèce, ou comme un catalogue de cas dont l'étude à cet égard est décevante, parce qu'ils ne se rattachent pas à des lois (dans le sens scientifique du mot) [c'est ce que nous appelons en droit des principes généraux], et qu'ils présentent une trop grande dispersion....Il ne faut donc pas s'étonner de l'aveu d'un avocat de valeur, qui nous disait qu'après trente ans de métier, il était toujours à la recherche d'une définition précise de la brevetabilité".

Monsieur CALMELS exprime en une ligne les mêmes sentiments lorsqu'il écrit à propos de la législation des brevets (son observation est faite en 1856): "Les lois qui nous régissent sont une construction sans fondation".[255]
L'harmonisation européenne réalisée par la loi de 1978 nous a-t-elle forcés à améliorer la situation?

§4 La définition de l'invention brevetable et l'harmonisation des législations européennes: la loi de 1978

La loi de 1968 ne permettait de breveter, d'une manière générale, que les inventions qui remplissaient les conditions suivantes énoncées par les article 6 et 7 de la loi:

Article 6: "L'invention doit avoir un caractère industriel, être nouvelle et impliquer une activité inventive".

Article 7: "Est considérée comme industrielle toute invention concourant dans son objet, son application et son résultat, tant par la main de l'homme que par la machine, à la production de biens ou de résultats techniques".

Le texte donne ensuite des précisions en ce qui concerne la nouveauté, et l'activité inventive.

La loi du 13 juillet 1978, adoptée dans le cadre de l'harmonisation des législations européennes, a simplifié la formulation des critères de brevetabilité. L'harmonisation des lois nationales a été effectuée dans le but de faciliter la mise oeuvre de la Convention de Luxembourg sur le brevet communautaire.

Elle n'exige plus que l'invention ait un caractère industriel [256] comme l'imposait la loi de 1968. L'invention prise en compte par la loi est ainsi formulée:

Article 6, al. 1: "Sont brevetables les inventions nouvelles impliquant une activité inventive et susceptibles d'application industrielle".

A propos de la condition d'application industrielle, l'article 11 précise "Une invention est considérée comme susceptible d'application industrielle si son objet peut être fabriqué ou utilisé dans tout genre d'industrie, y compris l'agriculture".

La condition d'application industrielle apparaît alors comme étant moins restrictive que celle de caractère industriel de l'invention énoncée dans le texte de 1968. La définition des critères de brevetabilité en est du même coup simplifiée. (La loi de 1968 considérait, dans son article 7, "comme industrielle toute invention concourant dans son objet, son application et son résultat, tant par la main de l'homme que par la machine, à la production de biens ou de résultats techniques.")

Ce n'est pourtant pas l'opinion de la doctrine qui considère, curieusement que le mot "inventions" utilisé dans l'article 6 alinéa premier de la loi de 1978 constitue une exigence législative nouvelle qui reprend à son compte les exigences de l'ancien texte.

SECTION 2
La nécessaire actualisation de la définition de l'invention et des critères de brevetabilité

Il ressort des travaux de tous les auteurs cités à propos de la nature juridique des droits de l'inventeur ou de la distinction des droits réels et personnels, et du préambule de la loi de 1791 que l'invention est en réalité définie sur le terrain juridique, par l'idée nouvelle inventive; et qu'elle ne désigne pas la forme dans laquelle elle se matérialise. Un député rappelait au cours des travaux préparatoires de la loi du 3 juillet 1985: "Dans le cas des inventions, on protège le fond, c'est-à-dire une information technique. Dans le cas de l'oeuvre littéraire ou artistique, ce n'est pas l'idée qui est appropriée, c'est l'expression qui lui est donnée".[257]

Les auteurs n'affirment jamais que le droit du breveté d'invention tend à l'exploitation d'un objet matériel. Il ressort au contraire de leurs travaux que ce qui intéresse le breveté c'est l'exploitation exclusive de l'idée nouvelle. C'est la raison pour laquelle les auteurs ont créé les expressions "droits intellectuels" ou "propriété incorporelle".

Les controverses actuelles à propos de l'invention ne doivent donc pas induire en erreur. Tous les auteurs s'accordent sur le principe que l'invention est une idée nouvelle, une information technique nouvelle. En réalité, lorsque les auteurs et les praticiens parlent de définition de l'invention brevetable, il faut bien avoir en tête qu'ils ne visent pas en réalité l'invention; mais seulement les critères de brevetabilité. Le principe d'inappropriation des idées, qui peut paraître choquant quand on le confronte à la définition de l'invention, s'éclaire (à peu près!) quand on l'applique à l'objet que permet de réaliser une invention et quand on le range au nombre des critères de brevetabilité. Ce principe signifie qu'en l'état actuel de la législation, une invention ne pourra être brevetée que si sa manifestation ou son développement sont du domaine de la matière. Donc, conformément à ce critère de brevetabilité, une invention qu'il serait économiquement utile de protéger par un brevet mais qui ne donnerait pas naissance à des objets matériels ne serait pas une invention brevetable. C'est le cas des logiciels qui sont considérés comme des créations dépourvues de toute matérialité et donc non brevetables.

Il est permis de se demander quelle est l'utilité sur le plan économique d'un critère de brevetabilité fondé sur la nature matérielle ou immatérielle de la manifestation ou du développement de l'invention? Il faut bien admettre que la législation actuelle n'est pas raisonnable. Le milieu juridique a oublié la philosophie qui sous-tendait le système de la propriété industrielle. Les critères actuels de brevetabilité sont inadaptés et bien souvent inapplicables en pratique. C'est ce qui ressort de l'ouvrage réalisé par Monsieur LUCAS. Monsieur LUCAS a étudié l'application pratique du principe de l'exclusion des idées en matière de protection intellectuelle. Il affirme que ce principe est traduit en matière de propriété industrielle par l'exigence de caractère industriel (dans la loi de 1968). L'auteur écrit: "Le critère du caractère industriel permet d'effectuer le départ entre les idées spéculatives non brevetables et les inventions industrielles brevetables".[258] Il a ensuite démontré à travers de nombreux exemples que la définition de cette exigence est floue et qu'elle n'est pas toujours appliquée de façon stricte par les tribunaux. Il conclut: "... aucun critère, ne permet de distinguer avec une rigueur suffisante les systèmes abstraits, des inventions industrielles brevetables."[259] Monsieur LUCAS déduit de l'analyse du droit positif que les créations industrielles abstraites (parmi lesquelles il range les logiciels) n'ont pas été exclues du domaine des brevets d'invention pour des motifs de théorie juridique mais pour des raisons historiques.[260] Il affirme: "Il apparaît que certaines créations industrielles abstraites pourraient fort bien être tenues pour brevetables".[261] Selon l'auteur "En raison de leur vocation à être utilisées dans le monde de l'industrie, les créations industrielles abstraites devraient logiquement ressortir au droit des brevets d'invention".[262]

Monsieur BERTIN, par une approche beaucoup plus concrète, à la manière des ingénieurs (son ouvrage s'adresse à des ingénieurs) aboutit à cette conclusion:
"Il est tout de même curieux que l'idée ne puisse pas être brevetable, bien qu'elle puisse représenter quelquefois l'essentiel d'une invention, parce qu'elle suggère immédiatement les moyens de réalisation? ... l'idée-objectif ou idée-but est souvent indissociable de l'idée réalisation. Dès qu'on a vu le but, on saisit assez souvent et immédiatement comment on peut l'atteindre".[263] Il déduit de ses observations pratiques que "le brevet est en somme une recette d'instructions".[264]

CONCLUSION:

Nous avions démontré que le breveté d'invention a un droit personnel en raison de l'obtention du brevet. Ce brevet octroyé pour une idée nouvelle lui accorde le privilège d'interdire aux autres personnes d'exploiter son invention.

C'est-à-dire l'idée nouvelle. L'invention se définit comme étant une idée nouvelle (qui peut être formulée sous la forme d'une série d'instructions). Elle est toujours immatérielle, abstraite. La loi actuelle qui régit le droit des brevets est très mal construite et anti-économique. Une bonne loi devrait ressembler à la loi de 1791. Elle devrait accorder des brevets pour des "idées nouvelles dont la manifestation ou le développement peut être utile"; sans se soucier de définitions -tenant à la matérialité ou à l'immatérialité de la manifestation de l'idée nouvelle- qui n'ont aucune utilité sur le plan économique. Monsieur CASALONGA était arrivé aux même conclusions en ce qui concerne les critères de brevetabilité de l'invention, en prenant pour point de départ au lieu du concept de propriété, l'origine qu'il supposait contractuelle du brevet d'invention. Il écrit:

"Pour nous, l'esprit de toute législation en matière de propriété industrielle se concrétise en cette seule double exigence pour la brevetabilité: la nouveauté et l'utilité dans le domaine industriel. On ne devrait donc pas refuser la protection à ce qui est nouveau et qui sert à quelque chose, sous le fallacieux prétexte que cette nouveauté industrielle manquerait de corps ou de matérialité".[265]

CONCLUSION

Inadapté au monde de la richesse intangible, le droit des brevets d'invention est devenu contraire aux intérêts économiques et a entamé une phase de déclin qui donne lieu à son éclatement. D'où il suit, que les Etats en sont arrivés, malgré l'existence du droit mondial des brevets, à négocier de nouveaux accords internationaux pour chaque nouveau type d'invention "intangible". Ainsi, chaque Etat doit voter de nouvelles lois nationales, et/ou harmoniser ses lois avec la législation européenne s'il y a lieu, perdant ainsi tous les avantages du système mondial. Cet état de fait entraîne des tensions et des pertes de temps. Pour les éviter et afin que le droit mondial des inventions accompagne les progrès techniques, scientifiques et économiques, il serait préférable de l'adapter pour le rendre économiquement raisonnable et utile. Pour cela, il faudrait garder en tête:
- qu'une invention est toujours une abstraction, une idée;
- que les Etats accordent aux inventeurs un droit personnel et non comme on l'imagine un droit réel de propriété;
- que ce droit personnel est un privilège permettant à l'inventeur d'interdire à toute autre personne d'exploiter l'invention brevetée;

- que le but principal du droit des brevets d'invention devrait être le progrès scientifique, économique et technique;
- que les lois de la nature ne permettent pas d'agir directement sur une invention qui est intangible;
- que le seul moyen à notre disposition pour agir juridiquement sur l'intangible c'est d'agir à travers les personnes, c'est la raison pour laquelle le droit d'un inventeur est un droit personnel et non un droit de propriété.

Le positivisme juridique est certes utile à la gestion quotidienne du droit, mais il est une source importante de rigidité qui empêche les juristes modernes d'adapter le droit aux réalités nationales et internationales. Le positivisme ne permet pas une compréhension des origines de nos systèmes juridiques. Il ne permet pas d'adapter le droit aux changements d'ampleur pour qu'il accompagner le mouvement de la vie et particulièrement de la vie économique.

La philosophie dominante du droit confine les juristes à l'étude et à l'application d'un droit conçu pour un monde économique dominé par la richesse matérielle. Or, ce monde n'existe plus. Une nouvelle philosophie du droit est devenue nécessaire.

ABREVIATIONS

CASS	Cour de Cassation
JNA	Journal des Notaires et des Avocats
JOCE	Journal Officiel des Communautés Européennes
JO	Journal Officiel
OMPI	Organisation Mondiale de la Propriété Intellectuelle
PIBD	Bulletin Documentaire de la Propriété Industrielle
PUF	Presses Universitaires de France
RDPI	Revue du Droit de la Propriété Industrielle
RDS OU D	Recueil Dalloz Sirey
RIDA	Revue Internationale du Droit d'Auteur
RTDC	Revue Trimestrielle de Droit commercial et Droit économique
SJ éd Entr.ou JCP	Semaine Juridique édition entreprise
SJ éd Géné ou JCP	Semaine Juridique édition générale
Trib.	Tribunal
TGI	Tribunal de Grande Instance
CA	Cour d'Appel
Ch	Chambre
Trib. com.	Tribunal de Commerce
Th	thèse
doc	document
LGDJ	Librairie Générale de Droit et de Jurisprudence
Coll.	Collection
Libr.	Librairie

Inst.	Institutes
t	tome
th	thèse
p	page
vol	volume
Ch de Rec. tech ou CRT	Chambre de Recours Technique
AN	Assemblée Nationale
c	Contre

BIBLIOGRAPHIE

DROIT ET THEORIE GENERALE DU DROIT

ABERKANE Hassen, *Contribution à l'étude de la distinction des droits de créance et des droits réels*, Paris, LGDJ, 1957

AUBRY ET RAU, *Cours de droit civil français*, Paris, 5ème éd. tome 2

BAUDRY-LACANTINERIE, *Précis de droit civil*, Paris, 6ème éd., tome 1

BOITEUX, *Commentaire sur le Code Napoléon*, Paris, 6ème édition, 1852, tome 2

BOQUET Claude, *De l'opposabilité aux tiers comme caractéristique du droit réel: essai d'épistémologie juridique sur la base des droits allemand, français et suisse*; Genève, Avenir, 1978

CAPITANT Henri, *Introduction à l'étude du droit civil*, Paris, 2ème éd., 1904, pp. 77-78

CATALA (P), "La transformation du patrimoine dans le droit civil moderne", Rev. trim. dr. civ, 1966

CLAVIER Jean-Pierre, *Les catégories de la propriété intellectuelle à l'épreuve des créations génétiques*, Paris et Montréal, L'Harmattan, 1998

DABIN Jean, "Les droits intellectuels comme catégorie juridique", Revue critique de législation et de jurisprudence, 1939

DELVINCOURT, *Cours de droit civil*, Paris, 2ème édition, 1825, tome 2

DEMOGUE René, *Les notions fondamentales du droit privé, Essai critique pour servir d'introduction à l'étude des obligations*, Paris, Rousseau, 4 vol. in-8ème, 1911

DEMOLOMBE, *Cours de Code Napoléon*, Paris, 1854, tome 9

DERUPPÉ Jean, *La nature juridique du droit du preneur à bail et la distinction des droits réels et des droits de créance*, Paris, Dalloz, 1952

DURANTON Alexandre, *Cours de droit français*, 2ème édition, Paris, 8ème édition, 1828, tome 4

EBKE Werner F., FINKIN Matthew W., *Introduction to German law*, The Hague, London, Boston, Kluwer Law International, 1996

GINOSSAR Samuel, *Droit réel, propriété et créance - élaboration d'un système rationnel des droits patrimoniaux*, Paris, LGDJ, 1960

GUILLIEN Raymond et VINCENT Jean, *Lexique des termes juridiques*, Paris, Dalloz, 1988

JOSSERAND Louis, "Configuration du droit de propriété dans l'ordre juridique nouveau", *Mélanges juridiques, dédiés à Monsieur le Professeur SUGIYAMA*, TOKIO 1940

KRUSE Frederik Vinding, *The right of property*, London, New York, Toronto, Oxford University Press, 1939

LESENNE, *De la propriété avec ses démembrements*, Paris, 1858

LEVIS Marc, *l'Opposabilité du droit réel*, Paris II, thèse, 1985.

Loi et Actes du Gouvernement, tome premier, Paris, Imprimerie Royale, 1834

MARCADé, *Explication du code civil*, Paris, 1886, tome 2

MARTY (G) et RAYNAUD (P), *Droit civil, Introduction générale à l'étude du droit*, Paris, SIREY, 1972

MICHAS H., *Le droit réel considéré comme une obligation passivement universelle*, Paris, Thèse, 1900

MOURLON ET DEMANGEAT, *Répétitions écrites sur le code civil*, Paris, 13ème éd., 1896, tome 1

PICARD Edmond, *Le droit pur - Cours d'Encyclopédie du droit- les permanences juridiques abstraites*, Paris, éd. Félix Alcan, 1899

PLANIOL Marcel, *Traité élémentaire de droit civil*, Paris, Pichon, 5ème édition, 3 volumes, 1908, et 6ème édit. tome 1, 1911

POUILLET Eugène, *Traité théorique et pratique de la propriété littéraire et artistique et du droit de représentation*, 3ème édition, Paris, Marchal et Billard, 1908

POTHIER, *OEUVRES*, Paris, 1847, tome 10, "Traité du droit de domaine de propriété"

PRODAN C., *Essai d'une théorie générale des droits réels*, Paris, Thèse, 1909

QUERU R., *Synthèse du droit réel et du droit personnel - Essai d'une critique historique et théorique du réalisme juridique*, Caen, Thèse, 1905

RIGAUD Louis, *Le droit réel, histoire et théories, son origine institutionnelle*, Toulouse, Thèse, 1912

RIPERT Georges, *De l'exercice du droit de propriété dans ses rapports avec les propriétés voisines*, Aix, Thèse, 1902

ROLAND Henri, BOYER Laurent, *Adages du droit français*, Paris, Litec, 1999

ROUBIER Paul, *Droits subjectifs et situations juridiques*, Paris, Dalloz, 1963

TERRÉ François, *Introduction Générale au Droit*, Paris, Dalloz, 4ème édition, 1998

TERRÉ François, SIMLER Philippe, LEQUETTE Yves, *Droit civil, les obligations*, Paris, Dalloz, 1999

TOULLIER Charles, *Le droit civil français*, Paris, 5ème éd., 1830, tome 3

VAN BEMMELEN, *les notions fondamentales du droit civil*, Amsterdam, 1892

VILLEY Michel, "La notion romaine classique de *Jus* et le *Dikaion* d'Aristote", La filosofia greca e il diritto romano, Roma, Accademia Nazionale dei Lincei, 1976

VILLEY Michel, "Les origines de la notion de droit subjectif", *Archives de Philosophie du Droit*, Paris, Recueil SIREY, 1953-54, p. 163-187.

VOIRIN Pierre, *Droit civil*, Tome 1, Paris, L.G.D.J., 1999

ANCIEN DROIT ROMAIN

BREAL Michel et BAILLY Anatole, *Dictionnaire étymologique latin*, Paris, Hachette, 1898

CATALANO Pierangelo, *Diritto e Personne, Studi su origine e attualità del sistema romano*, Torino, G. GIAPAICHELLI EDITORE, 1990

GAUDEMET Jean, *Droit privé romain*, Paris. Montchrestien, 2000.

GRIMAL Pierre, *La civilisation romaine*, Paris, Champs. Flammarion, 1997

GUARINO Antonio, *Storia del diritto romano*, Napoli. Jovene, 1998.

HUVELIN Paul, *Les tablettes magiques et le droit romain*. Macon, Protat Frères, 1901

JHERING von R., *L'esprit du droit romain dans les diverses phases de son développement*, traduction O. de MEULENAERE, Paris, Librairie A. Marescq, 1936

LEVY-BRUHL Henri, *Droit romain*, Paris, Cours de droit. 1955/56.

LEVY-BRUHL Henri, *Le très ancien procès romain*. Rome, 1952.

LEVY-BRUHL Henri, *Nouvelles Etudes sur le Très Ancien Droit romain*, Paris, Recueil SIREY, 1947.

LEVY-BRUHL Henri, *Recherches sur les actions de la loi*. Paris, Recueil Sirey, 1960.

PARICIO Javier, FERNANDEZ BARREIRO A., *Historia del derecho romano y su reception europea*, Madrid. Editorial centro de estudios Ramon Areces, 1995.

VILLEY (M): "Le jus in re du droit romain classique au droit moderne", in Publications de l'Institut de droit romain de l'Université de Paris, 1947, p. 193

VILLEY Michel, "Historique de la nature des choses", Paris, Archives de Philosophie du droit, tome 10, 1965, p. 267-283.

VILLEY Michel, "Métamorphoses de l'obligation", *Archives de Philosophie du droit*, Communication au congrès de l'Institut International de Philosophie politique sur "l'obligation politique" 4 juillet 1969

VILLEY Michel, *Le Droit Romain*, PUF, Que sais-je?, 7ème édition, 1979

VILLEY Michel, *Suum jus cuique tribuens*, Milano, Giuffré, 1954

SITES INTERNET SUR L'ANCIEN DROIT ROMAIN

http://www.jura.unisb.de/Rechtsgeschichte/Ius.Romanum/english.html
http://www.iuscivile.com/
http://www.frankcass.com/jnls/jlh.htm
http://www.ucl.ac.uk/history/volterra/
http://members.aol.com/pilgrimjon/private/LEX/ROME.html

NOTES

[1] VINDING KRUSE (il s'agit d'un professeur danois), *The Right of Property*, (Oxford University Press), Vol. I (1939) pp. 124-125, cité in GINOSSAR, Droit réel, propriété et créance - élaboration d'un système rationnel des droits patrimoniaux, Paris, LGDJ, 1960, p. 2.

[2] Pour simplifier le texte, nous désignerons le "breveté d'invention" par le mot "inventeur".

[3] BONNET (J), *op. cit.* p.10.

[4] BONNET (J), *op. cit.* p. 12.

[5] BONNET (J), *op. cit.* p. 11.

[6] BONNET (J), *op. cit.* p. 12.

[7] BONNET (J), *op. cit.* p. 12.

[8] BONNET (J), *op. cit.*, p. 13.

[9] PICARD (E.), *Le droit pur, Cours d'Encyclopédie du droit- les permanences juridiques abstraites*, Paris, éd. Félix Alcan, 1899.

[10] PICARD (E.), *Le droit pur*, p. 118.

[11] PICARD (E.), *Le droit pur*, Paris, éd. Félix Alcan, 1899 p. 121.

[12] *Le droit pur, op. cit.*, p. 121.

[13] *Ibid*, p. 120.

[14] *Ibid*, p. 109.

[15] PICARD, *op. cit.* p. 104.

[16] PICARD (E.), *Le droit pur*, p. 107.

[17] *Ibid*, p. 107.

[18] DABIN (Jean), "Les droits intellectuels comme catégorie juridique", Paris,, Revue critique de législation et de jurisprudence. 1939.

[19] DABIN (Jean), *op. cit.* p. 413 n° 2.

[20] DABIN (Jean),*op. cit.* p. 438, n° 24: A propos de la terminologie l'auteur écrit: "Mais, puisqu'il est entendu, conventionnellement, que 'droit réel' signifie *jus in re*, et 'droit personnel' *jus in persona*, pourquoi la forme 'droit intellectuel', bâtie exactement sur le même type, ne pourrait-elle signifier, par antithèse au droit réel qui est *jus in re corporali*, le droit sur la chose intellectuelle (*jus in re incorporali*)? Précisément à cause de ce rapprochement, la formule 'droit intellectuel' paraît heureuse, plus heureuse même que la formule 'droits sur des biens immatériels' qui a l'avantage de la clarté mais pèche par manque de symétrie".

[21] DABIN (J), *op. cit.* p. 433, n° 19.

[22] *Ibid*, p. 434, n° 19.

[23] *Ibid*, p. 434, n° 19.

[24] *Ibid*, p. 434, n° 19.

[25] *Ibid*, p. 437 n° 23.

[26] *Ibid*, p. 438 n° 23.

[27] *Ibid*, p. 444 n° 2.

[28] *Ibid*, p. 444 n° 30.

[29] *Ibid*, p. 444 n° 31.

[30] *Ibid*,p. 445 n° 31.

[31] *Ibid*, p.446 n° 3.

[32] ROUBIER (Paul), *Le droit de la propriété industrielle*, tome 1, Paris, Librairie du Recueil Sirey, 1952, p. 103.

[33] *Ibid*, p. 103.

[34] *Ibid*, p. 103.

[35] ROUBIER (Paul),*op. cit.* p. 104, n° 23.

[36] MUNIER (S. TH), *Les droits des auteurs de découvertes ou d'inventions scientifiques - Essai de philosophie et de technique juridiques suivi d'une proposition de loi*,Thèse dr. NANCY, 1925.

[37] *Ibid*, p. 253: KOHLER, *Urheberrecht an Schriftwerken und Verlagsrect*; Klostermann, *Das geistige ligentum*; MANDRY, *Das Urheberrecht an literarischen Erz engnissen*; OSTERIETH, *Altes und neues vons Urheberrecht*) importée en France par M.

MORILLOT (De la protection accordée aux oeuvres d'art dans l'empire d'Allemagne) et adoptée notamment par SALEILLES (NOTE S. 1900.2.120) et LYON-CAEN (note S. 1881.1.25 et S: 1902.1.305).

[38] MUNIER, *op. cit.* p. 261: "Nous pensons que le droit... de l'inventeur -outre et en dehors des prérogatives protectrices de son nom au regard de l'invention qui lui sont reconnues-... est une propriété"

[39] *Ibid*, p. 260 Marquis DE VAREILLES-SOMMIèRES, "La définition et la notion juridique de propriété", Paris, Rev. trim. dr. civ. 1905, p. 443-495.

[40] MUNIER *Ibid*, p. 262.

[41] *Ibid*, p.262.

[42] MUNIER (S. TH) *op. cit.*, p. 264.

[43] *Ibid*, p. 264 BAUDRY-LACANTINERIE ET CHAUVEAU, *Des biens*, n° 229; COUHIN, *La propriété industrielle artistique et littéraire*, tome 1, Intr. p. XXXI.

[44] JOSSERAND (Louis), "Configuration du droit de propriété dans l'ordre juridique nouveau", Mélanges juridiques, dédiés à Monsieur le Professeur SUGIYAMA, TOKIO, 1940 p. 95.

[45] *Ibid*, p 95-. 96.

[46] JOSSERAND (Louis), "Configuration du droit de propriété dans l'ordre juridique nouveau", Mélanges juridiques, dédiés à Monsieur le Professeur SUGIYAMA, TOKIO 1940, p.95-96.

[47] *Ibid*, p. 95- p.97.

[48] *Ibid*, p. 95-. 97.

[49] JOSSERAND (Louis) *op. cit.* p. 98.

[50] *Ibid*, p.98 et p. 100.

[51] *Ibid*, p. 101.

[52] *Ibid*, p.101.

[53] GINOSSAR (S.), *Droit réel, propriété et créance - élaboration d'un système rationnel des droits patrimoniaux*, Paris, LGDJ, 1960. p. 31, n° 11.

[54] *Ibid*, p. 31 n° 11.

[55] *Ibid*, p. 46 n° 18.

[56] GINOSSAR (S.), *op. cit.* p. 187, n° 68.

[57] *Ibid*, p. 187, n° 68.
[58] *Ibid*, p. 188, n° 68.
[59] LGDJ, 1961; voir aussi *Traité des brevets d'invention* p. 46 et ss.
[60] *Traité des brevets d'invention*, p. 25 n° 22.
[61] Thèse, p. 17 il définit le but de sa thèse comme étant l'interprétation de la réglementation actuelle du droit du breveté à partir d'une évolution même de l'institution.
[62] C'est souvent un organisme de recherche MOUSSERON (JM), *Le droit du breveté d'invention, contribution à une analyse objective*, Paris, LGDJ, 1961 p. 21-27 et p. 30: "la fonction d'inventeur devient subordonnée" ; *Traité*, p. 8 et 9 n° 6 l'auteur note le "rôle grandissant des grands ensembles, privés et publics, dans l'organisation, le financement et l'exécution de la recherche".
[63] MOUSSERON (JM), *Le droit du breveté d'invention, contribution à une analyse objective*, Paris, LGDJ, 1961 p. 105 109 185; Traité n° 11 p. 16.
[64] *Ibid*, p.p. 105.
[65] *Ibid*, p 146.
[66] *Ibid*, p. 126.
[67] *Ibid*, p. 129.
[68] Il cite CHEVALLIER p. 129 J CHEVALLIER: *De l'effet déclaratif des conventions et des contrats*, thèse dr, Toulouse, 1932, Dalloz, p. 17.
[69] MOUSSERON (JM), *Le droit du breveté d'invention, contribution à une analyse objective*, Paris, LGDJ, 1961 130. Il cite MERLE R., *Essai de contribution à la théorie générale de l'acte déclaratif*, thèse dr. Toulouse, p. 30.
[70] MOUSSERON (JM), *Le droit du breveté d'invention, contribution à une analyse objective*, Paris, LGDJ, 1961 p. 137.
[71] *Ibid*,137.
[72] *Ibid*, p 143.
[73] *Ibid*, p 146.
[74] MOUSSERON thèse, *op. cit.* p. 155.

[75] *Ibid*, p.182.

[76] *Ibid*, p.191 et ss.

[77] *Ibid*, p. 191; Traité p. 46 n° 51.

[78] *Ibid*, p. 267.

[79] MOUSSERON (JM), *Le droit du breveté d'invention, contribution à une analyse objective*, Paris, LGDJ, 1961 p. 275.

[80] *Ibid,* p. 275.

[81] *Ibid,* 276, traité p. 47, où il cite les travaux de P. CATALA "... des études récentes ont montré que le droit de propriété vaut surtout, par l'opposabilité absolue de la protection dont jouit son titulaire. Un droit sans corpus mais opposable à tous emprunte à la propriété son caractère essentiel et possède une valeur propre". CATALA "la transformation du patrimoine dans le droit civil moderne", Paris, rev. trim. dr. civil 1966, pp. 185 et 261, n° 21.

[82] *Ibid,* p. 276.

[83] Loi du 11 mars 1957 article premier: L'auteur d'une oeuvre de l'esprit jouit sur cette oeuvre, du seul fait de sa création, d'un droit de propriété incorporelle exclusif et opposable à tous.

[84] MOUSSERON (JM), Le droit du breveté d'invention, contribution à une analyse objective, Paris, LGDJ, 1961 P. 278.

[85] Loi du 11 mars 1957, article 1er: "L'auteur d'une oeuvre de l'esprit jouit sur cette oeuvre, du seul fait de sa création, d'un droit de propriété incorporelle exclusif et opposable à tous".

[86] MOUSSERON, *Traité*, p. 48 ss. Voir notamment note 58 et 130.

[87] *Cf*: MICHAS(H), *Le droit réel considéré comme une obligation passivement universelle*, thèse Paris, 1900; RIGAUD (L), *Le droit réel, histoire et théories, son origine institutionnelle*, thèse Toulouse, 1912; GINOSSAR (S.), *Droit réel, propriété et créance - élaboration d'un système rationnel des droits patrimoniaux*, Paris, LGDJ, 1960.

[88] CAPITANT, *Introduction à l'étude du droit civil*, 2ème éd., 1904, pp. 77-78; DABIN (J), "Les droits intellectuels comme catégorie juridique", Revue critique de législation et de jurisprudence, 1939; MARTY (G) et RAYNAUD (P), *Droit civil, Introduction générale à l'étude du droit*, Paris, SIREY, 1972, p. 482, n° 302.

[89] MICHAS (H), *Le droit réel considéré comme une obligation passivement universelle*, thèse Paris, 1900, p. 59.

[90] Voir MICHAS, *op. cit.*, pp. 71 ss. qui a réalisé une étude approfondie de la doctrine classique française il cite notamment: TOULLIER, *Le droit civil français*, Paris, 5ème éd, 1830, tome 3, p. 55, n° 84; DURANTON, *Cours de droit français*, 2ème édition, Paris, 1828, tome 4, p. 182, n° 225; MARCADé, *Explication du Code Civil*, 8ème édition, Paris, 1886, tome 2, p. 364, n° 357; DEMOLOMBE, *Cours de Code Napoléon*, Paris, 1854, tome 9, p. 354; AUBRY ET RAU, *Cours de droit civil français*, Paris, tome 2, 5ème éd, 1897, p. 72 et 73, par. 172; BOITEUX, *Commentaire sur le Code Napoléon*, Paris, 6ème édition, 1852, tome 2, p. 645 à 647; DELVINCOURT, *Cours de droit civil*, Paris, 2ème édition, 1825, tome 2, p. 309; BAUDRY-LACANTINERIE, *Précis de droit civil*, Paris, 6ème éd., tome 1, p. 646 et ss.; BOISTEL, *Cours de philosophie du droit*, 2 vol., Paris, 1899; LESENNE, *De la propriété avec ses démembrements*, Paris, 1858, p. 200, n° 396; MOURLON ET DEMANGEAT, *Répétitions écrites sur le Code Civil*, Paris, 13ème éd., 1896, tome 1, p. 718: etc...

[91] POTHIER, *OEUVRES*, Paris, 1847, tome 9, Traité du droit de domaine de propriété. p. 101.

[92] POTHIER, *OEUVRES*, Paris, 1847, tome 9, Traité du droit de domaine de propriété p.103, n° 4.

[93] *Ibid*, p.107, n° 16.

[94] *Ibid*, p.186, n° 245.

[95] *Cf* article 544 du code civil: La propriété est le droit de jouir et de disposer des choses de la manière la plus absolue, pourvu qu'on n'en fasse pas un usage prohibé par les lois ou par les règlements.

[96] Parmi eux il faut citer MICHAS, *Le droit réel considéré comme une obligation passivement universelle*, thèse, Paris, 1900; RIPERT (G), *De l'exercice du droit de propriété dans ses rapports avec les propriétés voisines*, thèse, Aix, 1902; QUERU (R), *Synthèse du droit réel et du droit personnel, Essai d'une critique historique et théorique du réalisme juridique*, thèse, Caen, 1905; PRODAN (C), *Essai d'une théorie générale des droits réels*, thèse, Paris, 1909; DEMOGUE (J), *Les notions fondamentales du droit privé, Essai*

critique pour servir d'introduction à l'étude des obligations, A vol. iN-8ème, Paris, Rousseau, 1911.

[97] PLANIOL (M), *Traité élémentaire de droit civil*, Paris, 5ème édition, 3 volumes, Pichon, 1908, et 6ème édit. tome 1, 1911.

[98] PLANIOL (M), *ibid,* 5ème éd. N° 2329.

[99] PLANIOL (M), *ibid,* n° 2159.

[100] PLANIOL (M), *Traité élémentaire de droit civil*, tome 1, Paris. LGDJ, 1908, 5ème éd. n° 2159.

[101] *Ibid,* n° 2159.

[102] Ce qu'il nomme cette "idée vulgaire du rapport direct d'une personne avec une chose, idée superficielle, fausse comme conception juridique "PLANIOL (M), *ibid,*n° 2160.

[103] PLANIOL (M), *Traité élémentaire de droit civil*, Paris, tome 1, LGDJ, 1908, 5ème éd. n° 2160.

[104] *Ibid,* n° 2163.

[105] Il aurait été intéressant d'étudier plus en détail l'ouvrage de DEMOGUE, mais il est introuvable et nous travaillons à partir de la synthèse et des citations qui ont été faites par RIGAUD (L), *Le droit réel, histoire et théories, son origine institutionnelle*, thèse Toulouse, 1912 p. 179.

[106] Comp. avec la solution de l'énigme de la classification, supra.

[107] In RIGAUD (L), *Le droit réel, histoire et théories, son origine institutionnelle*, thèse Toulouse, 1912 p. 180.

[108] *Ibid,* p. 196.

[109] *Cf* les nombreuses références citée in GINOSSAR (S), *Droit réel, propriété et créance - élaboration d'un système rationnel des droits patrimoniaux*, Paris, LGDJ, 1960; p. 10.

[110] GINOSSAR (S.), *Droit réel, propriété et créance - élaboration d'un système rationnel des droits patrimoniaux*, Paris, LGDJ, 1960. p. 45 n° 17.

[111] GINOSSAR (S.), *op. cit*, p. 100 n° 38.

[112] *Ibid,* p.112.

[113] *Ibid,* p.112 - *ibid,* p. 114 - *ibid* p. 182.

[114] GINOSSAR (S.), *Droit réel, propriété et créance - élaboration d'un système rationnel des droits patrimoniaux*, Paris, LGDJ, 1960 p. 18 n° 8.

[115] *Ibid*, p. 38 n° 14.

[116] GINOSSAR (S.) *Ibid*, p p. 38, n° 68; à propos du droit pur *cf*: PICARD, *Le droit pur,* Paris, 1899; ROGUIN, *La science juridique pure*, Lausanne, 1922-1923; KELSEN (Hans), *Théorie pure du Droi*t, Neuchâtel, Edit. de la Baconnière, 1953; sur la critique de la démarche positiviste *cf.* VILLEY (Michel), *Philosophie du Droit,* Paris, Précis Dalloz, tome 2, *Les moyens du droit*, 2ème édit. 1984.

[117] BERNARD (Jean), "Création scientifique et création artistique", Paris, Revue des Sciences morales et politiques, 1987, n° 4 p. 637.

[118] *Ibid*, p. 639.

[119] Revue des sciences morales et politiques, 1987 n° 3, p. 325 et ss. "De certains processus mentaux dans la découverte en mathématiques".

[120] "Contraintes et libertés des modèles astrophysiques", Paris, Revue des sciences morales et politiques 1987, p 555-556.

[121] Revue des sciences morales et politiques1987, n° 1 p. 7 et ss. ; et p. 15. Jean HAMBURGER est Médecin et chercheur, membre de l'Académie française, et de l'Académie des Sciences.

[122] Michel VILLEY avait écrit: "Les philosophes physiciens de l'ancienne Grèce laïcisent la notion de justice, en élaborant la notion d'ordre naturel: c'est le même type d'ordre objectif que leur philosophie discerne dans l'univers des astronomes, le corps étudié par les médecins, et le groupe de la cité..." (La formation de la pensée juridique moderne, *Cours d'histoire de la philosophie du droit*, Paris, éd. Montchrestien, 1975, p. 17.)

[123] Revue des sciences morales et politiques 1987, n° 3 p. 325.

[124] François JACOB (biologiste, prix Nobel de Médecine), Revue des sciences morales et politiques "Science de jour, science de nuit", p. 59 et ss.

[125] HAMBURGER (Jean), "De l'art de raisonner en biologie et en médecine", Revue des Sciences morales et politiques, 1987, n° 1 p. 7 et ss.

[126] MICHAS (H), *Le droit réel considéré comme une obligation passivement universelle*, thèse Paris 1900, p. 31, p. 41; VAN

BEMMELEN, *Les notions fondamentales du droit civil*, Amsterdam, 1892, p. 222.

[127] *Ibid.*

[128] GINOSSAR (S.), *Droit réel, propriété et créance - élaboration d'un système rationnel des droits patrimoniaux*, Paris, LGDJ, 1960. p. 45.

[129] VILLEY (Michel), *ibid*, p. 276, p. 278.

[130] VILLEY (Michel), "Historique de la nature des choses", Paris. Arch. 1965, p. 276.

[131] VILLEY (Michel), "Le raisonnement juridique dans l'histoire". ARSP, arch. 1971 p. 47(cependant Il en tire une autre conséquence).

[132] CATALA (P), "La transformation du patrimoine dans le droit civil moderne", Paris, Rev. trim. dr. civ, 1966, p. 186.

[133] ABERKANE (H.) *Contribution à l'étude de la distinction des droits de créance et des droits réels, Essai d'une théorie générale de l'obligation propter rem en droit positif français*, thèse Paris, 1957. p.10.

[134] Lorsque nous étudions les méthodes de l'art juridique nous n'envisageons en général que la logique juridique, tout au plus la dialectique: *cf.* in Arch, 1966, n° 11, *La logique du droit*, VILLEY (Michel), "Données historiques"; PERELMAN (Ch.), "Raisonnement juridique et logique juridique"; KALINOWSKI, "De la spécificité de la logique juridique"; EISENMANN (CH.), "Quelques problèmes de méthodologie des définitions et des classifications en science juridique; PARAIN-VIAL (J), "La nature du concept juridique et la logique"; JAEGER (H), "La logique de la preuve judiciaire et la philosophie du jugement"; GIULIANI (AL), "La logique juridique comme théorie de la controverse"; CHEVRIER (G), "Sur l'art de l'argumentation chez quelques romanistes médiévaux au XIIe et XIIE siècle"; POULANTZAS (N), "La dialectique hégélienne-marxiste et la logique juridique moderne"; STOYANOVITCH (K), "De quel usage peut être en logique juridique la 'dialectique' au sens moderne hégélien et marxiste du mot?"; BAYART (A), "Le centre national belge de recherches de logique"; HOROVITZ (J), "Exposé et critique d'une illustration du caractère prétendu non formel de la logique juridique".

[135] Sur la question *cf.* VILLEY (M), "Le jus in re du droit romain classique au droit moderne", in Publications de l'Institut de droit

romain de l'Université de Paris, 1947, p. 193; GINOSSAR (S), *op. cit.* p. 43 et ss.

[136] Que nous traduisons par pouvoir complet, intégral sur la chose; cf VILLEY, *Le droit romain*, Paris, *Que sais-je?* PUF p. 84.

[137] VILLEY *Le droit romain*, Paris, *Que sais-je?* n° 195, PUF. 7ème éd, p. 12.

[138] POTHIER, *op. cit.* p. 186, n° 245.

[139] Comme nous voulons le faire aujourd'hui lorsque nous parlons de propriété incorporelle.

[140] VILLEY (M), "Historique de la nature des choses", Paris, Arch. 1965, X, p. 272 Il cite un texte romain: D. 50. 17.188.1: *quae rerum natura prohibentur nulla lege confirmata sunt* (aucune loi ne permet de réaliser les choses qui sont impossibles dans la nature).

[141] D 49.8.3.1.

[142] Tout le monde peut consulter les registres de l'INPI, ce qui autorise le "vol" de l'invention.

[143] *Le droit pur, Cours d'Encyclopédie du droit- les permanences juridiques abstraites*, Paris, éd. Félix Alcan, 1899.

[144] PICARD (E), *op. cit.*, p. 118.

[145] PICARD (E), *op. cit.*, p. 123.

[146] PICARD (E), *op. cit.*, p. 79.

[147] PICARD (E), *op. cit.*, p. 101.

[148] *Ibid*, p. 79.

[149] *Ibid*, p. 129.

[150] PICARD (E), *op. cit.*, p. 130-131.

[151] *Ibid*, p. 131.

[152] *Ibid*, p. 137.

[153] PICARD (E), *Le droit pur - Cours d'Encyclopédie du droit- les permanences juridiques abstraites*, Paris, éd. Félix Alcan, 1899 p. 129.

[154] *Ibid*, p. 128-129.

[155] *Ibid*, p. 128-129.

[156] PICARD (E), *op. cit.*, p. 130; schémas p. 135.

[157] *Ibid*, p. 132.

[158] PICARD (E), *op. cit.*, p.135 voir aussi toute sa première partie à propos des énergies.

[159] *Ibid,*, p. 94: "Les droits personnels ont pour objet, soit l'ensemble, soit une partie de notre personne".

[160] *Op. cit.*, p. 126.

[161] *Cf* schéma infra p. 50.

[162] Le fait (mentionné par PICARD, p. 173) qu'on ait établi au moyen âge un corps séparé des règles de procédure a sans doute contribué à la désaffection de l'étude des voies d'exécution; cette désaffection a conduit à négliger l'enseignement de cette partie très importante du droit (qui est souvent une matière optionnelle); ce qui a contribué à nous faire oublier qu'elle est l'armature du droit, et que sans elle le droit n'aurait pas d'efficacité pratique.

[163] PICARD, *op. cit.*, p. 105-106.

[164] *Ibid*, 136-137.

[165] *Ibid*, 107.

[166] GAIUS, Inst. II, 13-14: "*Corporales hae sunt quae tangi possunt, velut fundus homo vestis aurum argentum et denique aliae res innumerabiles. Incorporales sunt quae tangi non possunt, qualia sunt ea quae jure consistunt, sicut hereditas, usufructus, obligationes, quoque modo contractae*".

[167] KOHLER, in BONNET (J), *Etude de la législation allemande sur les brevets d'invention*, thèse Paris, 1902.

[168] ROUBIER (Paul), *Droit de la propriété industrielle*, tome 1, Sirey, p. 102.

[169] KOHLER, in BONNET (J), *Etude de la législation allemande sur les brevets d'invention*, thèse Paris, 1902 p. 12.

[170] ROUBIER avait écrit dans sa critique des idées de KOHLER, *Le droit de la propriété industrielle*, Paris, Sirey, t 1, p. 102: "Les droits patrimoniaux ne se tiennent pas dans les nuages... leur contenu est toujours un contenu matériel".

[171] DABIN (J), "Les droit intellectuels comme catégorie juridique", Paris, Rev. crit. de Législ. et de jurisprudence, 445, n° 31.

[172] TERRé ET WEIL, *Droit civil*, Paris, Précis Dalloz, 4ème édition n° 244.

[173] AUBRY ET RAU, *Droit civil français*, Paris, libr. techn. 1961, tome 2, 7ème éd. par Paul ESMEIN p. 85; TERRé WEIL, *op. cit.*, n° 243.

[174] TERRé WEIL, *op. cit.*, p. 157.

[175] Voir MARTY (G) RAYNAUD (P), *Droit civil, Introduction générale à l'étude du droit*, Paris, Sirey, n° 143 à 146 et n° 301 à 308.

[176] ROUBIER (Paul), *Droits subjectifs et situations juridiques*, Paris, Dalloz, 1963 p. 340.

[177] AUBRY ET RAU, *Droit civil français*, Paris, libr. techn, tome 2, 1961, 7ème éd., par Paul ESMEIN p. 85-86.

[178] *Ibid*, p. 88.

[179] MARTY (G) RAYNAUD (P), *op. cit.*, p. 485, n° 306.

[180] ROUBIER (P), *Droits subjectifs et situations juridiques*, Paris Dalloz, 1963. p. 340.

[181] AUBRY ET RAU, *Droit civil français*, *op. cit.*, tome 2, p. 377; comp. CARBONNIER (J), Flexible droit, *op. cit.*, p. 243.

[182] Le mot domaine est resté longtemps dans notre langage voir par exemple POTHIER traité du domaine de propriété *op. cit.*

[183] Il existait aussi dans les anciens droits des procédés pour faciliter le transfert de biens, notamment le transfert des terres, l'ouvrage de MICHELET est très intéressant à ce point de vue: MICHELET (J), *op. cit.* p. 91 ss.

[184] TERRE ET WEIL, *op. cit.*, p. 268 n° 253, comp. SALEILLES en ce qui concerne les deux ordres de réalité supra p. 76 ss.

[185] TERRE ET WEIL, *op. cit.*, p. 268, n° 253 ; AUBRY ET RAU, *Droit civil français*, *op. cit.*, p. 13 note 12.

[186] MARTY (G) RAYNAUD (P), *op. cit.*, p. 476, n° 296.

[187] *Cf*, MOUSSERON (JM), *Le droit du breveté d'invention*, *op. cit.*, passim; sur la définition des biens voir Arch. Les biens et les choses, 1979, tome 24.

[188] ROUBIER (P), *Droits subjectifs et situations juridiques*, *op. cit.*, p.344.

[189] *Ibid*, p. 345.

[190] MARTY (G) et RAYNAUD (P), *op. cit.*, p. 511, n° 327, voir les nombreuses références citées; à propos de la notion de bien *cf*: Archives de Philosophie du Droit, Paris, Sirey, tome 24, 1979 les nombreux articles consacrés au thème "les biens et les choses", notamment: la "Préface historique" de Michel VILLEY, p. 1; BATIFFOL (Henri), "Problèmes contemporains de la notion de biens", p. 9; TERRE (François), "Variations de sociologie juridique sur les biens", p. 17; HENRIOT (Jacques), "De l'obligation comme chose", p. 235 ; GRZEGORCZYK (Christophe), "Le concept du bien juridique: l'impossible définition?", p. 259 ss.; SCHWARZ-LIEBERMANN von WAHLENDORF (H.A.), "Le droit et les choses (les biens)", p. 273 ss.

[191] Les droits intellectuels "ne portent pas sur une chose matérielle, mais bien sur le fruit d'un travail, élément immatériel" TERRé ET WEIL, *op. cit.* p. 268 n° 252.

[192] ADDA (DIDIER), "Contrats informatiques, la clause de réserve de propriété"; Paris, Zéro Un informatique, 27 février 1989.

[193] Bien décrite par DE VAREILLES-SOMMIERES "La définition et la notion juridique de la propriété", Paris, Rev. trim. dr. civil. 1905.

[194] CATALA (P), "La transformation du patrimoine dans le droit civil moderne", Paris, Rev. trim. dr. civ., 1966,, p. 201.

[195] JOSSERAND, "Configuration du droit de propriété dans l'ordre juridique nouveau", Mélanges juridiques, dédiés à Monsieur le Professeur SUGIYAMA, TOKIO, 1940.

[196] JOSSERAND, "Configuration du droit de propriété dans l'ordre juridique nouveau", Mélanges juridiques, dédiés à Monsieur le Professeur SUGIYAMA, TOKIO, 1940 p. 96; comp. VILLEY (M), "Les origines de la notion de droit subjectif", Arch. 1953-54.

[197] JOSSERAND, "Configuration du droit de propriété dans l'ordre juridique nouveau", Mélanges juridiques, dédiés à Monsieur le Professeur SUGIYAMA, TOKIO, 1940 p. 98.

[198] JOSSERAND (L) "Configuration du droit de propriété dans l'ordre juridique nouveau", *op. cit.* p. 98.

[199] VAREILLES SOMMIERES, *op. cit. passim*.

[200] JOSSERAND (L), "Configuration du droit de propriété dans l'ordre juridique nouveau", *op. cit.*, p. 101.

[201] DABIN (J): "Les droits intellectuels comme catégorie juridique", Rev. crit. de légis. et de juris., 1939, p. 427-428 écrit à propos du droit sur le signe distinctif qu' il considère qu'il s'agit d'un droit opposable à tous "comme la propriété et d'ailleurs... tous les droits quelconques (y compris les droits sur les personnes, qui impliquent toujours un pouvoir opposable à tous)".

[202] ROUBIER (P), *Droits subjectifs et situations juridiques*, Paris, Dalloz, 1963 p. 341.

[203] ROUBIER (P), *Le droit de la propriété industrielle*, Paris, Sirey, tome 1, 1952, p. 98-99.

[204] CATALA (P), "La transformation du patrimoine dans le droit civil moderne", Paris, Rev. trim. dr. civ, 1966, p. 201.

[205] CATALA, *op. cit*, p. 186, p. 201, n° 21, p. 204.

[206] *Ibid*, p. 201-202, n° 21.

[207] Article 2095 du Code civil: "Le privilège est un droit que la qualité de la créance donne à un créancier d'être préféré aux autres créanciers, même hypothécaires." Article 2094: "Les causes légitimes de préférences sont les privilèges et hypothèques".

[208] ABERKANE (H), *Contribution à l'étude de la distinction des droits de créance et des droits réels, Essai d'une théorie générale de l'obligation propter rem en droit positif français*, thèse Paris, 1957, n° 5, p. 10: "L'obligation passive universelle n'est pas l'élément constitutif du droit réel; elle n'est que sa conséquence, son aspect externe".

[209] *Cf. infra*, p. 24.

[210] A propos de la notion de biens *cf*, Arch. phil. du Droit, *les biens et les choses*, Paris, éd. Sirey,1979, tome 24.

[211] ROUBIER (P): *Droits subjectifs et situations juridiques*, *op. cit.*, p. 350-351.

[212] PICARD (E), *Le droit pur*, *op. cit.* p. 117.

[213] Comp. TERRé: "L'évolution du droit de propriété depuis le Code civil", *op. cit.* p. 9: "Toutes les branches du droit veulent avoir leur propriété, car celle-ci est le symbole de la protection juridique absolue".

[214] CATALA (P), "La transformation du patrimoine dans le droit civil moderne", *op. cit.*; p. 198, n° 18.

[215] ROUBIER, Droits subjectifs et situations juridiques, *op. cit.*, p. 347-348.

[216] Pierre SEGHERS, "Le livre d'or de la poésie française des origines à 1940; Paris, MARABOUT, p. 236.

[217] Sur l'histoire du droit des brevets voir: CHRISTOFARO, *Trattato del diritto d'autore et d'inventore*, Turin, 1931, E. W HULME, "The history of the patent system", Law Quarterly Review 1896, DAMME ET LUTTER, Das deutsche Patentrecht, Berlin, 3ème éd, 1925; CALMELS, *De la propriété et de la contrefaçon des oeuvres de l'intelligence*, Paris, 1856; MOUSSERON JM, sa thèse citée, p. 261 ss., et son *Traité*, p.50 et ss; ISORE, "De l'existence des brevets d'invention en droit français avant 1791, Paris, Rev. Hist. dr. 1937.96; WAGRET, *Brevets d'invention et propriété industrielle*, Paris, PUF Que sais-je? 1967; POUILLET, *Traité théorique et pratique des brevets d'invention et de la contrefaçon*, *op. cit.*; ROUBIER *op. cit.* p. 63 ss.; LADAS, *La protection internationale de la propriété industrielle*, Paris, 1933; *Histoire Générale des Civilisations*, sous la direction de M CROUZET, Paris, PUF 5ème éd., 7ème vol, tome 4.

[218] CALMELS (E), *De la propriété et de la contrefaçon des oeuvres de l'intelligence*, Paris, Cosse, 1856, p. 4-5.

[219] VIVANT Michel, *Juge et loi du brevet*, Paris, Litec, coll. CEIPI XX, 1977, n° 4, p. 2: ATHENEE Le banquet de sophistes IIIe siècle. Sur cette loi l'auteur renvoie à M.F. "Una legge sulle invenzioni del 500 a.c.", Rivista di Diritto industriale, 1965.155.

[220] Voir WAGRET JM, *Brevets d'invention et propriété industrielle*, Paris, Q S J? n° 1143 ; CHEREAU "Le demi-millénaire de l'institution, en 1474, par les doges de Venise du premier système de brevet d'invention." Revue économique de la chambre de commerce italienne de Paris, mars 1974; SORDELLI, "Interesse sociale et progresso tecnico nella 'parte' venziana del 19 marzo sulle privative agli inventori", Rivista di Diritto industriale 1974.358.

[221] CALMELS (E), *De la propriété et de la contrefaçon des oeuvres de l'intelligence*, Paris, Cosse, 1856,, p. 8 exemples pour la France: "Nos rois ne furent pas moins généreux: Andrelinus recevait de Charles VIII, pour avoir récité un poème, un sac d'or qu'il ne pouvait emporter sur ses épaules; HENRI III donnait une abbaye à DESPORTES, auteur d'un sonnet; BENSERADE jouissait de 12 000

livres de rentes, et une fortune de 200 000 écus consolait Amyot d'avoir mendié dans sa jeunesse".

[222] Roubier, *Le droit de la propriété industrielle*, *op. cit.*, p. 92, n° 21.

[223] Moniteur, 24 mars 1841, cité in CALMELS (E) *op. cit.*, p. 48.

[224] Michel VIVANT écrit, dans *Juge et loi du brevet, approche du droit de brevet*, *op. cit.*, p. 388 "Le droit de brevet paraît bien ainsi tout le contraire d'un droit naturel..."

[225] MOUSSERON, à l'appui de sa thèse de la propriété incorporelle a fait l'inventaire des textes et des auteurs qui emploient le terme "propriété", *cf. Traité*, *op. cit.* p. 48 ss.

[226] Tous les inventeurs auraient un droit naturel à ce stade.

[227] Un premier tri a été réalisé en fonction de la personne de l'inventeur.

[228] Un second tri est effectué par rapport aux catégories d'inventions. On exclut certaines catégories d'inventions en leur déniant la qualité d'inventions brevetables en raison de critères de matérialité de l'objet.

[229] CATALA, "La transformation du patrimoine dans le droit civil moderne", Paris, Rev. trim. dr. civ., 1966, n° 24.

[230] HOUSSARD G., Rapport JP PALEWSKI, AFPPI, annexe 1 cité in MOUSSERON thèse, p. 258.

[231] WAGRET (JM), *Brevets d'invention et propriété industrielle*, Paris, Que sais-je? PUF, 3ème éd. p. 85. Il écrit aussi: "A l'origine récompense du corps social reconnaissant au génie inventif, le brevet n'est plus que l'enregistrement de la solution la plus simple apportée à un problème technique nouveau" et il pense que "la justification du brevet n'est plus évidente".

[232] *Ibid*, p. 36.

[233] ISORE, *De l'existence des brevets d'invention en droit français avant 1791*, Paris, Revue d'histoire du droit, 1937.96, cité in VIVANT Juge et loi du brevet, *op. cit.* p. 6.

[234] Cass., req., 25 juillet 1887, R.S; 1888 1.1.

[235] Cour de Limoges, 22 décembre 1936, Ann. 1938, p. 64.

[236] Cité in CASALONGA, *op. cit.*, p. 39.

[237] Cité in LESOEUR (Marc), *Les droits de l'inventeur et le dépôt des brevets d'invention en droit interne*, thèse Paris, 1939, p. 27.

[238] Paris, trib. civ de la Seine, 1er avril 1936, Ann. 36, 335.
[239] VIVANT note en citant ARISTOTE La politique IX et XI que monopole de *monos* et *polein* signifie vendre seul).
[240] Sur les droits privatifs voir par exemple: TGI Seine 8 février 1962, JCP 1962 II 12 854.
[241] *Cf.* ROUBIER, *Le droit de la propriété industrielle, op. cit.* p. 92, n° 21.
[242] *Cf.* in ROUBIER (P), *Le droit de la propriété industrielle*, tome 1 p. 96.
[243] MOUSSERON (JM), *Le droit du breveté d'invention, contribution à une analyse objective*, Paris, LGDJ, 1961 p. 151 et ss.
[244] *Ibid*, p. 156, n° 127, article 31 de la loi de 68, rénovée: "Toute personne qui, de bonne foi, à la date de dépôt ou de priorité d'un brevet, était sur le territoire où la présente loi est applicable, en possession de l'invention, objet du brevet, a le droit, à titre personnel d'exploiter l'invention malgré l'existence du brevet".
[245] MOUSSERON (JM), *Le droit du breveté d'invention, contribution à une analyse objective*, Paris, LGDJ, 1961 p. 154, n° 126; Traité p. 8 et ss.
[246] MOUSSERON (JM), *Traité*, p. 16,
[247] LUCAS (A), *La protection des créations industrielles abstraites*, Paris, Libr. techn. 1975 p. 46 ss..
[248] MOUSSERON (JM), *Le droit du breveté d'invention, contribution à une analyse objective*, Paris, LGDJ, 1961, p. 264, n° 237.
[249] Loi 98-620 8 novembre 1984 sur la protection des microplaquettes semi-conductrices, la Propriété Industrielle mars 1985.
[250] Loi n° 87-890 du 4 novembre 1987 relative à la protection des topographies de produits semi-conducteurs et à l'organisation de L'Institut national de la propriété industrielle JO, 5 novembre 1987; JCP 1987, II 60781; voir aussi sur le plan européen: JOCEE, N° L 24/26, du 27/1/87: Directive du Conseil du 16 décembre 1986 concernant la protection juridique des topographies de produits semi-conducteurs 87/84/CEE.
[251] Comp. art 2094-2095 du Code Civil.

[252] Article 2: "Seront considérées comme inventions ou découvertes nouvelles.l'invention de nouveaux produits industriels;
L'invention de nouveaux moyens ou l'application nouvelle de moyens connus, pour l'obtention d'un résultat ou d'un produit industriel.".
L'article 5 exclut certaines inventions: "Ne sont pas susceptibles d'être brevetés:
1° les compositions pharmaceutiques ou remèdes de toute espèce, lesdits objets demeurant soumis aux lois et aux règlement spéciaux sur la matière, et notamment au décret du 18 août 1810, relatif aux remèdes secrets;
2° Les plans et combinaisons de crédit ou de finances."

[253] POUILLET (E), *Traité théorique et pratique des brevets d'invention et de la contrefaçon*, Paris, éd. Marchal et Billard, 1899, p. 3.

[254] BERTIN (A), *op. cit.* p. 37.

[255] CALMELS (E), *op. cit.*, p. 37.

[256] C'est-à-dire qu'elle concourre "dans son objet, son application et son résultat, tant par la main de l'homme que par la machine, à la production de biens ou de résultats techniques" art. 7.

[257] JO, déb. Ass. Nat., 21 mai 1985, p. 820.

[258] LUCAS (A), *La protection des créations industrielles abstraites*, (étude réalisée avant la loi de 1978); *op. cit.* p. 55, n° 92.

[259] *Ibid*, p. 84 et ss.

[260] *Ibid*, p. 173 et ss.

[261] *Ibid*, p. 173.

[262] LUCAS (A), *op. cit.*, p. 27, n° 44.

[263] BERTIN (André), *L'ingénieur et les brevets d'invention*, Paris, éd. Tambourinaire, MCMLIII, p. 30.

[264] BERTIN André, *op. cit.*, p. 32.

[265] CASALONGA, *op. cit.*, p. 13

TABLE DES MATIERES

PREMIERE PARTIE
Quel droit pour l'inventeur? Les réponses de la doctrine

11 **CHAPITRE 1**: Le droit de l'inventeur: une nouvelle catégorie juridique
12 Section 1: Les thèses des droits intellectuels et des droits sur les biens immatériels
12 §1 KOHLER: La théorie des droits sur les biens immatériels
13 § 2 La théorie des droits intellectuels de PICARD
15 §3 La thèse des droits intellectuels de DABIN
18 Section 2: La théorie des droits de clientèle de ROUBIER

21 **CHAPITRE 2**: Droit de l'inventeur et droit de propriété
21 Section 1: Le droit de propriété de l'inventeur
21 §1 La propriété industrielle à l'époque révolutionnaire
22 §2 La thèse du droit de propriété sur l'invention de MUNIER
23 Section 2 :Les théories de la propriété incorporelle
23 §1 La théorie de JOSSERAND
25 §2 La thèse de la propriété des droits sur l'invention de GINOSSAR
27 §3 La thèse du droit de propriété incorporelle du breveté sur l'invention de MOUSSERON

DEUXIEME PARTIE
Quel droit pour l'inventeur?
Un nécessaire retour aux sources de la création juridique

35 **CHAPITRE 1**: Les théories de l'énigme de la distinction des droits
36 Section 1 : La théorie classique de la distinction des droits réels et personnels
38 Section 2: La théorie personnaliste de PLANIOL
43 Section 3: La solution de de l'énigme à travers la suprématie du droit de propriété proposée par GINOSSAR
46 Section 4: Critique de la méthode juridique et comparaison avec la méthode scientifique

53 **CHAPITRE 2**: La distinction fondamentale des droits confrontée à la réalité concrète
53   Section 1: La raison de la distinction romaine entre *actio in rem* et *actio in personam*
57   Section 2: Vérification
57   §1 Vérification de la validité de notre démarche
59   §2 Vérification de la validité de nos résultats

65 **CHAPITRE 3**: Les doctrines de la classification des droits des inventeurs à l'épreuve de la réalité concrète
66   Section 1: Critique des théories instituant une nouvelle classe de droits
66   §1 La thèse des droits intellectuels de PICARD:
76   §2 Critique de la thèse de KOHLER
77   §3 Critique de la théorie des droits intellectuels de DABIN
79   §4 Critique de la thèse des droits de clientèle de ROUBIER:
80   Section 2: Critique de la thèse de la propriété incorporelle
80   §1 De la propriété traditionnelle à la propriété incorporelle
88   §2 Critique de la théorie de la propriété incorporelle de JOSSERAND

TROISIEME PARTIE
Le droit personnel de l'inventeur, ses conséquences quant à la philosophie du droit des brevets d'invention

97 **CHAPITRE 1**: Les causes de l'inexploration du champ du droit personnel
97   Section 1: L'erreur sur le caractère essentiel du droit réel
101   Section 2: Les charmes de la propriété
102   §1 Les charmes modernes de la propriété
104   §2 Les charmes de la propriété à l'époque révolutionnaire

109 **CHAPITRE 2**: L'inventeur et les privilèges
109   Section 1: Survivance du terme privilège dans la doctrine et la jusrisprudence
113   Section 2: De la nature juridique des droits de l'inventeur à la nature juridique des inventions

117	**CHAPITRE 3**: Définition de l'invention et critères de brevetabilité
117	Section 1: L'évolution de la définition de l'invention et des critères de brevetabilité en droit positif
117	§1 La loi du 7 janvier 1791
119	§2 Définition de l'invention et des critères de brevetabilité dans la loi de 1844
121	§3 L'invention brevetable dans la loi de 1968 (ancien texte)
122	§4 La définition de l'invention brevetable et l'harmonisation des législations européennes: la loi de 1978
124	Section 2: La nécessaire actualisation de la définition de l'invention et des critères de brevetabilité
127	CONCLUSION
131	ABREVIATIONS
133	BIBLIOGRAPHIE
139	NOTES
157	TABLE DES MATIERES

www.ingramcontent.com/pod-product-compliance
Lightning Source LLC
Chambersburg PA
CBHW022012160426
43197CB00007B/396